全国“八五”普法教材
公民法治素养提升丛书 7

老年人

LAONIANREN

应知应会
法律知识学习手册

YINGZHI YINGHUI
FALÜ ZHISHI XUEXI SHOUCE

以案普法版

中国法制出版社
CHINA LEGAL PUBLISHING HOUSE

丛书总序

2021年是“十四五”开局之年，我们党迎来建党100周年。今年也是“八五”普法启动实施的第一年。为了深入学习宣传贯彻习近平法治思想及中央全面依法治国工作会议精神，增强“四个意识”、坚定“四个自信”、做到“两个维护”，主动适应我国进入新发展阶段、贯彻新发展理念、构建新发展格局的需要，配合“八五”普法规划的启动实施，着力在提高普法的针对性、实效性上下功夫，推动普法工作高质量发展，切实以习近平法治思想武装头脑、指导实践，引领新发展阶段全民普法工作，把习近平法治思想落实到普法工作全过程、各环节，中国法制出版社组织法律领域的相关专家编写了本套“公民法治素养提升丛书”。

本套丛书根据《中央宣传部、司法部关于开展法治宣传教育的第八个五年规划（2021－2025年）》的部署和精神，把习近平法治思想宣传同普法宣传结合起来，旨在进一步提升公民法治素养，推动全社会尊法学法守法用法，引导全社会坚定不移走中国特色社会主义法治道路。丛书将读者群分为公民、领导干部、国家工作人员、企业职工、农民、青少年、老年人、企业经营管理人员、村（社区）“两委”干部等不同群体，根据不同读者群的不同法律需求精心选取各读者群体工作或生活中常见的案例，深入剖析案例背后所含的法律知识，以期培养各读者群体的法律意识，提升公民法治素养。书中内容按照案情介绍、法律解析、法条链接三个部分的体例展开，从专业法律分析的角度作出详细而全面的解答，并附录相关法律条文方便读者查找法律依据。希望本套丛书能够让人民群众读得懂、传得开、用得上，助力全国“八五”普法工作。

前言

随着时代的发展，我国逐渐迈入老龄化社会，老年人在人口中所占的比重越来越大，维护老年人的合法权益也是我国法治建设道路上重要的一环。法国著名作家司汤达曾说：“老人受尊敬，是人类精神最美好的一种特权。”变老是每个人都必然要面对的自然规律，无论是从身体还是精神上，老年人都处于弱势地位。如何保护这样的弱势群体，也是判断一个国家、一个社会是否文明进步的标志之一。

为了保障老年人合法权利，发展老龄事业，弘扬中华民族敬老养老助老的美德，我国建立起以《宪法》为根本，以《老年人权益保障法》《民法典》等为内容的老年人保障法律体系；同时全面维护老年人的各种权益，提高老年人的法律意识，使老年人真正信赖法律，做到知法、懂法、学法、用法。

但是，对于大众来说，法律语言也许过于艰涩难懂，为了帮助老年朋友们轻松学法、合理用法，我们特意编写了本书。本书内容广泛，希望广大老年朋友能通过本书，学会在生活中运用法律维护自身的权益。本书主要具有以下几个特色：

首先是专业性与严谨性。作为一本普法类书籍，专业性与严谨性是我们在编写本书时所遵循的首要原则。对于每一个法律小问题，我们都从专业的法律角度为读者作出详细而全面的解答，使读者能够更加快速迅捷地获取法律知识，解决生活问题。

其次是实用性和代入感。本书致力于让法律走下神坛，贴近生活，更加具有实用性。在书中，我们设计了一个个贴近生活的小案例，极具代入感，从而缩短了读者与法律之间的距离，让每位读者都能感受到法律就在身边，我们切实需要法律。

再次是广泛性与全面性。本书涵盖了老年人生活的方方面面，具有广泛与全面的特点。在编写过程中，我们尽量考虑到老年人的生活习惯，从婚姻家庭、赡养问题、房屋住宅、遗产继承、消费维权、旅游出行、看病就医、财产与人身保护、社会保障等多个方面进行阐述，努力达到让读者一书在手便可知“各种法律需求”的目标。

最后是通俗易懂性。本书采用了通俗易懂的语言方式，结合案例使法律条文更加简单明了。本书将法理寓于生活之中，深入浅出，娓娓道来。让每一位读者都能看得明白、读得进去，最终达到知法、守法、用法的目的，是我们最大的心愿。

学法无止境，守法在心中。我们知道，读者无法仅通过一本书便通晓所有法律，我们也无法在一本书中将所有的法律阐述得淋漓尽致。但是，我们衷心希望本书能够成为老年朋友们解决生活问题的得力助手，也希望大家能够通过本书感受到法律的魅力。当然，由于时间与编写人员水平有限，书中难免有不妥之处，我们真诚欢迎各位读者的批评指正！

目　录

第一章　婚姻家庭

第二章　赡养问题

第三章　房屋住宅

第四章　遗产继承

第五章 消费维权

第六章 旅游出行

第七章　看病就医

第八章　社会保障

第九章　财产保护

第十章 人身保护

第十一章　社会参与、优待

第一章
婚姻家庭

1. 要建设“优良家风”也是法律的规定吗？

案　情

老纪的父亲年轻时是位老红军，不仅在外保持着当红军时严谨认真的工作态度，在家里也要求家庭成员之间互敬互爱。老纪在这样的教育下长大，非常认同父亲的观点。父亲去世后，他继承父亲的遗志，按照父亲生前那样管理自己的家庭。他要求家庭成员之间要互谅互让、尊老爱幼，有困难时互相帮助。除此之外，老纪还经常教育自己的儿女，告诉他们结婚后要对自己的另一半忠实坦诚。老纪的大儿子结婚后，自认为摆脱了父亲的控制，常常夜不归宿，甚至发展出了婚外情。老纪得知后十分气愤，儿子却振振有词：“你那些观点都是老古董了，现在的年轻人都向往自由，你那些老一套管不着我！”那么，儿子的说法正确吗？

解　析

为了使社会更加和谐，家庭关系更加融洽，我国《民法典》婚姻家庭编对家庭氛围作出了原则性的规定。《民法典》第一千零四十三条规定，家庭应当树立优良家风，弘扬家庭美德，重视家庭文明建设。夫妻应当互相忠实，互相尊重，互相关爱；家庭成员应当敬老爱幼，互相帮助，维护平等、和睦、文明的婚姻家庭关系。

在上面的案例中，老纪管理自己家庭的方法不仅能够使家庭氛围更加和睦，也符合我国《民法典》的相关规定，是立法者期望实现并乐于看到的。而大儿子的任性妄为不仅会让家人悲伤难过，更为《民法典》所排斥，是应该受到谴责的。在当今这个民主和谐的社会中，每一个公民都有追逐自由的权利，但这并不代表公民可以任意行事。公民应当在法律允许且不妨碍他人的情况下合法行使权利。

法 条

《中华人民共和国民法典》

第一千零四十三条 家庭应当树立优良家风，弘扬家庭美德，重视家庭文明建设。

夫妻应当互相忠实，互相尊重，互相关爱；家庭成员应当敬老爱幼，互相帮助，维护平等、和睦、文明的婚姻家庭关系。

2. 法律意义上的“亲属”指的是哪些人？

案 情

老张今年七十岁。五年前，他的原配妻子因心脏病离开了人世。之后，老张在老年大学认识了现在的妻子黄雨。两人恋爱时，老张的儿子小张就对两位老人的关系表示了明确的反对。小张觉得，母亲去世还不到两年，父亲就要再娶，这是对母亲的不尊重。但是老张并没有听儿子的话，依然与黄雨领取了结婚证。小张得知后，除每个月按时给老张打赡养费外，几乎不再和老张往来。前不久，老张突发急病，被送到医院抢救，黄雨连忙通知小张。小张得知黄雨签署了病危通知书后，气急败坏，声称病危通知书只有亲属才能签，黄雨只是老张的二婚对象，没有签字的权利。那么，黄雨可以签署病危通知书吗？法律意义上的“亲属”又包括哪些人呢？

解 析

根据我国《民法典》第一千零四十五条的规定，亲属包括配偶、血亲和姻亲。配偶、父母、子女、兄弟姐妹、祖父母、外祖父母、孙子女、外孙子女为近亲属。配偶、父母、子女和其他共同生活的近亲属为家庭成员。也就是说，一个人在法律意义上的“亲属”不仅包括与其有血缘关系的人，其配偶以及婚姻存续期内其配偶的亲属，在法律上都属于此人亲属的范围。

在上面的案例中，老张与黄雨虽然是二婚，但是两人已经领取了结婚证，婚姻合法有效，作为老张的配偶，黄雨在法律上当然是老张的亲属，并且属于近亲属、家庭成员。小张的错误认知不仅来源于他对黄雨的偏见，也来源于他对我国民事法律的不了解。另外，作为子女，小张怀念母亲的心情令人动容，但这并不是他对老人婚姻自由横加干涉的理由。作为老年人，需要的不仅是物质上的满足，更是精神上的寄托。当子女无法时刻陪伴在孤寡父母身边时，帮父母重新寻求一段“黄昏恋”也未尝不是个好选择。

法 条

《中华人民共和国民法典》

第一千零四十五条 亲属包括配偶、血亲和姻亲。

配偶、父母、子女、兄弟姐妹、祖父母、外祖父母、孙子女、外孙子女为近亲属。

配偶、父母、子女和其他共同生活的近亲属为家庭成员。

3. 干涉子女婚姻违法了吗？

案　情

杨某年轻时遇人不淑，刚生下女儿小杨，前夫就离她而去。这些年来，杨某独自一人抚养小杨，吃了不少苦，受了不少累。为了不让女儿步自己的后尘，小杨谈的每个男朋友，杨某都要亲自把关，只要男方有一点儿不如她的意，她就恨不得一哭二闹三上吊，逼着小杨分手。小杨马上就要三十岁了，着急想要成家，便相亲认识了小秦。两人经过相处，彼此都很满意，便将结婚的事情提上了日程。没想到，杨某知道后，以小秦看起来不踏实为由，勒令小杨不许再和他来往。小杨不愿意，杨某便把她关在房间里，不让她出门。那么，杨某这种干涉子女婚姻自由的行为，是合法的吗？

解　析

新中国成立后，我国颁布的第一部民事性质的法律就是《婚姻法》。这不仅仅是我国建设社会主义法律体系的一大进步，也表明了我国人民对旧社会包办婚姻、干涉子女婚姻自由这一封建陋习的唾弃。2021 年生效的我国《民法典》婚姻家庭编，当然也将婚姻自由这一原则纳入了规定。

根据《民法典》第一千零四十二条和一千零四十六条的相关规定，结婚应当男女双方完全自愿，禁止任何人以任何形式对婚姻自由进行干涉。同时，在《刑法》第二百五十七条中，也有关于暴力干涉婚姻自由罪的相关规定。在新中国，无论是父母还是子女，在法律上都是独立完整的个体，子女不再是父母的附属品，父母也不应对成年子女的行为横加干涉。在上面的案例中，杨某心疼女儿、希望女儿过得幸福的心情可以理解，但是方法过于极端。如果女儿的未婚夫确实有品行上的问题，杨某可以循循善诱，而不应当采取强迫方式使女儿妥协。杨某拘禁女儿的行为不仅为《民法典》所不容，还可能触犯《刑法》，受到刑事处罚。

法　条

《中华人民共和国民法典》

第一千零四十二条第一款　禁止包办、买卖婚姻和其他干涉婚姻自由的行为。禁止借婚姻索取财物。

第一千零四十六条　结婚应当男女双方完全自愿，禁止任何一方对另一方加以强迫，禁止任何组织或者个人加以干涉。

《中华人民共和国刑法》

第二百五十七条　以暴力干涉他人婚姻自由的，处二年以下有期徒刑或者拘役。

犯前款罪，致使被害人死亡的，处二年以上七年以下有期徒刑。

第一款罪，告诉的才处理。

4. 女儿遭受丈夫的家庭暴力，父母可以代为申请人身保护令吗?

案 情

老姜老两口膝下只有一个独生女小姜，从小到大，老姜对小姜是捧在手里怕摔着，含在嘴里怕化了，舍不得她受一点儿委屈。小姜大学一毕业，便与大学时的男朋友小梁结了婚，婚后不久，两人便有了爱的结晶。可谁能想到，自从小姜怀孕以后，小梁便总是在外面鬼混到半夜才回家。回家后，喝多了的小梁还会对小姜拳打脚踢。为了肚子里的孩子，小姜含泪忍下了小梁的虐待，可孩子出生后，小梁不仅没有收敛，反而变本加厉地对小姜实施家暴。小姜忍无可忍，向小梁提出离婚。小梁一听，狠狠地把小姜打了一顿，并且抢走了小姜的身份证，把她锁在家里不让她出门，小姜只能偷偷给父母打电话求救。那么，在这种情况下，老姜夫妇可以代替小姜申请人身保护令吗?

解 析

家庭暴力具有隐秘性、长期性的特点，许多遭受家庭暴力的受害人长期面临无苦可诉的局面，为了解决这个问题，我国在 2016 年正式实行了《反家庭暴力法》。根据《反家庭暴力法》第二十三条的规定，当事人遭受家庭暴力时，可以向人民法院申请人身安全保护令。当事人因受到强制、威吓等原因无法申请人身安全保护令的，其近亲属可以代为申请。也就是说，遭受家暴的当事人申请人身安全保护令确有困难时，父母作为其直系亲属，当然享有代为申请人身安全保护令的权利。

在上面的案例中，小姜长期遭受小梁的家庭暴力，并且被小梁非法拘禁在家中，无法亲自向法院申请人身安全保护令来摆脱困境。在这种情况下，老姜夫妇作为小姜的父母，有权依照法律规定代替小姜申请人身安全保护令。

法　条

《中华人民共和国反家庭暴力法》

第二十三条　当事人因遭受家庭暴力或者面临家庭暴力的现实危险，向人民法院申请人身安全保护令的，人民法院应当受理。

当事人是无民事行为能力人、限制民事行为能力人，或者因受到强制、威吓等原因无法申请人身安全保护令的，其近亲属、公安机关、妇女联合会、居民委员会、村民委员会、救助管理机构可以代为申请。

5. 儿媳妇隐瞒了不能生育的疾病而与儿子结婚的，儿子可以向法院申请撤销婚姻吗？

案　情

老刘的儿子小刘与儿媳小米是通过相亲认识的，小米人长得漂亮，又是名校毕业，小刘一眼便相中了她，随即对她展开了追求。恋爱时，小刘曾不止一次地表示，自己十分喜爱孩子，婚后希望能生育两个宝宝。恋爱一段时间后，两人决定结婚。

婚后过了三年，小米始终没能怀上孩子，小刘担心是两人的身体出现了问题，便提出要和小米一起去医院看病。但是，小米一直找借口不去医院，问起原因来也是支支吾吾。在小刘的一再逼问下，小米终于说出了实情：原来，小米因幼年事故丧失生育能力，根本无法生育孩子。小刘一时间无法接受这个事实，便回到家中与老刘商量此事。老刘听后，建议小刘可以去法院请求撤销与小米的婚姻。那么，法院会支持小刘的请求吗？

解 析

要解决上面案例中小刘的困境，关键要弄清楚小刘与小米的婚姻是否为可撤销婚姻。所谓可撤销婚姻，是指已经成立的婚姻关系，因缔结婚姻的意思表示有瑕疵，依法享有撤销权的一方可以向有关机关请求撤销的婚姻。在2021年生效的我国《民法典》中，除因胁迫而成立的婚姻外，新增了另一种可撤销婚姻的情形——隐瞒重大疾病而成立的婚姻。

《民法典》第一千零五十三条第一款规定，一方患有重大疾病的，应当在结婚登记前如实告知另一方；不如实告知的，另一方可以向人民法院请求撤销婚姻。也就是说，在结婚前，结婚双方均对对方的重大疾病具有知情权。在上面的案例中，小米不能生育，小刘却迫切希望拥有自己的后代，小米明明知道这一点却隐瞒不说。在小刘的知情权没有得到保证的情况下，法律赋予小刘撤销婚姻的权利。小刘可以自知道小米病情的一年之内，向法院请求撤销他与小米的婚姻。两人的婚姻撤销后，该婚姻不再受到法律保护，小刘与小米之间也不再具有权利义务关系。

法　条

《中华人民共和国民法典》

第一千零五十三条　一方患有重大疾病的，应当在结婚登记前如实告知另一方；不如实告知的，另一方可以向人民法院请求撤销婚姻。

请求撤销婚姻的，应当自知道或者应当知道撤销事由之日起一年内提出。

6. 儿子婚后不久离婚了，为儿子置办的彩礼还能要回来吗？

案　情

老卢的儿子小卢今年已经三十四岁了，依然没有结婚。小卢以前倒是谈过几个女朋友，但都不了了之，再加上他平时工作忙，不知不觉就拖成了“大龄剩男”。不仅仅是小卢自己着急，老卢也愁得睡不好觉，到处托朋友给小卢介绍合适的对象。终于，小卢认识了二十五岁的小赵。小赵年轻漂亮，条件很好，小卢一眼就相中了她。小赵答应嫁给小卢，但前提是小卢家必须拿出二十万元的彩礼。为了儿子的终生幸福，老卢只能拿出二十万元让小卢结了婚。婚后，小卢发现，他与小赵的相处时间太短，对彼此都不了解，性格有很多合不来的地方。无奈之下，这段婚姻只维持了短短半年就匆匆结束了。小卢离婚后，老卢突然想起那二十万元彩礼，他想知道，儿子的婚姻不过维持了短短半年，能要求小赵退还彩礼吗？

解析

老卢与小卢无法要求小赵退还彩礼。根据我国《最高人民法院关于适用〈中华人民共和国民法典〉婚姻家庭编的解释（一）》第五条的规定，人民法院支持当事人返还彩礼请求的情形有三种：（一）双方未办理结婚登记手续；（二）双方办理结婚登记手续但确未共同生活；（三）婚前给付彩礼并导致给付人生活困难。也就是说，只有当事人的情况符合上述规定时，给付彩礼的一方才有权要求另一方返还彩礼。

在上面的案例中，虽然小卢向小赵给付了高额彩礼，但两人已经领取了结婚证，并且确实共同生活了半年，给付彩礼后也并未造成小卢或者老卢生活困难，他们的情况不符合法律规定的情形，小卢与老卢要求小赵退还彩礼的请求无法得到法律支持。

法条

《最高人民法院关于适用〈中华人民共和国民法典〉婚姻家庭编的解释（一）》

第五条 当事人请求返还按照习俗给付的彩礼的，如果查明属于以下情形，人民法院应当予以支持：

（一）双方未办理结婚登记手续；

（二）双方办理结婚登记手续但确未共同生活；

（三）婚前给付并导致给付人生活困难。

适用前款第二项、第三项的规定，应当以双方离婚为条件。

7. 女儿失去了民事行为能力，老人可以代其起诉离婚吗？

案 情

老程认为，他这一生最大的成就，就是将女儿程雪抚养长大。程雪长得很漂亮，从小就学习舞蹈，长大后顺利考入舞蹈学院，成为了一名舞蹈演员，是老程心中的骄傲。可是，天不遂人愿，程雪婚后不久便出了车祸，虽然保住了生命，却失去了双腿，并且损伤了大脑，从此生活不能自理。程雪的丈夫夏某不仅不好好照顾程雪，还每天出去鬼混，一不高兴就殴打程雪出气。老程看着痴痴傻傻的女儿老泪纵横，他想将女儿带走，却被夏某拦住。夏某声称，只要程雪一天是他老婆，老程就别想把程雪带走！那么，在这种情况下，老程可以代替程雪起诉离婚吗？

解 析

要解决上面案例中的问题，首先要撤销夏某对程雪的监护人资格。根据我国《民法典》第三十六条第一款的规定，监护人实施严重损害被监护人身心健康的行为时，有关个人可以向人民法院申请撤销其监护人资格，人民法院应安排必要的临时监护措施，并按照最有利于被监护人的原则依法指定监护人。夏某不仅不认真履行监护职责，还长期殴打程雪，已经对程雪的身心健康造成了严重的威胁，老程有权向法院提出撤销夏某监护人资格的申请，并有权取得程雪的监护权。

《最高人民法院关于适用〈中华人民共和国民法典〉婚姻家庭编的解释（一）》第六十二条规定，变更后的监护人代理无民事行为能力一方提起离婚诉讼的，人民法院应予受理。老程取得程雪的监护人资格后，有权利代替程雪提起离婚诉讼，从而帮助程雪摆脱夏某的魔爪。

法条

《中华人民共和国民法典》

第三十六条第一款 监护人有下列情形之一的，人民法院根据有关个人或者组织的申请，撤销其监护人资格，安排必要的临时监护措施，并按照最有利于被监护人的原则依法指定监护人：

（一）实施严重损害被监护人身心健康的行为；

（二）怠于履行监护职责，或者无法履行监护职责且拒绝将监护职责部分或者全部委托给他人，导致被监护人处于危困状态；

（三）实施严重侵害被监护人合法权益的其他行为。

《最高人民法院关于适用〈中华人民共和国民法典〉婚姻家庭编的解释（一）》

第六十二条 无民事行为能力人的配偶有民法典第三十六条第一款规定行为，其他有监护资格的人可以要求撤销其监护资格，并依法指定新的监护人；变更后的监护人代理无民事行为能力一方提起离婚诉讼的，人民法院应予受理。

8. 老人想离婚，子女有权阻拦吗？

案　情

王秀今年六十三岁，是一名老实巴交的农村妇女。四十年前，她经人介绍嫁给了同村的李大宝。结婚后，李大宝觉得自己为了娶王秀出了不少彩礼，得在王秀身上找补回来，于是每天对王秀呼来喝去，还常常给她脸色看，即使是在王秀怀孕期间也不例外。后来，王秀想和李大宝离婚，但听人说女人离婚就是败坏家风，不守妇道，又担心儿子李小宝没了父亲会被人嘲笑，只能把眼泪往肚子里咽。随着时代的发展，人们的观念越来越开放，王秀见李小宝也已经成家立业，终于决定要与李大宝离婚。可谁知，李小宝听说后坚决反对，认为王秀这么大年纪还要离婚太丢人了，甚至以将来不对王秀尽赡养义务相威胁。那么，李小宝的行为合法吗？

解　析

同年轻人一样，老年人也拥有婚姻自由，不仅包括结婚的自由，也包括离婚的自由。我国《老年人权益保障法》第二十一条与《民法典》第一千零六十九条都规定，老年人的婚姻自由受法律保护，子女不得干涉老年人离婚、再婚以及婚后的生活，子女对父母的赡养义务，不因父母的婚姻关系变化而终止。

在上面的案例中，王秀与李大宝的婚姻生活并不幸福，虽然已经年逾花甲，但她依然享有自由离婚的权利，任何人都无权干涉。李小宝以不对王秀尽赡养义务相威胁阻拦母亲离婚，不仅违反了法律中禁止干涉老年人婚姻自由的规定，也违反了子女的赡养义务不因父母婚姻关系变化而终止的规定，于情于理，都应当受到谴责。老年人虽然年纪大了，但依然拥有追求幸福的自由和权利，这种权利不仅仅是法律赋予的，更是人人生来就有的，作为子女应当理解和尊重。

法 条

《中华人民共和国老年人权益保障法》

第二十一条 老年人的婚姻自由受法律保护。子女或者其他亲属不得干涉老年人离婚、再婚及婚后的生活。

赡养人的赡养义务不因老年人的婚姻关系变化而消除。

《中华人民共和国民法典》

第一千零六十九条 子女应当尊重父母的婚姻权利，不得干涉父母离婚、再婚以及婚后的生活。子女对父母的赡养义务，不因父母的婚姻关系变化而终止。

9. 爷爷怀疑自己的孙子不是亲孙子，可以向法院申请做亲子鉴定吗？

案 情

老宋的儿子小宋刚工作没几年，就带回了女朋友小沈。小宋对老宋表示，小沈的肚子里已经怀了他的孩子，他要对小沈负责，和小沈结婚。老宋见小沈浓妆艳抹，打扮得花枝招展，十分不喜欢她，但考虑到小沈肚子里还怀着他们老宋家的骨肉，只能无奈答应了小宋和小沈的婚事。两人结婚后，没过几个月，小沈就生下了儿子小伟。随着小伟一天天长大，老宋心里的疑惑一天比一天多。他对着小伟左看右看，怎么看都觉得小伟和小宋长得一点儿都不像。老宋将心中的疑虑告诉小宋，小宋让他不要胡思乱想。老宋考虑再三，觉得不能让儿子吃这个大亏，便向法院提出做亲子鉴定的请求。那么，法院会支持老宋的请求吗？

解　析

要判断法院是否会支持老宋的主张，要先确定老宋是否有权请求法院确认或者否认亲子关系。根据我国《民法典》第一千零七十三条的规定：对亲子关系有异议且有正当理由的，父或者母可以向人民法院提起诉讼，请求确认或者否认亲子关系。对亲子关系有异议且有正当理由的，成年子女可以向人民法院提起诉讼，请求确认亲子关系。由此条规定可以看出，有权请求法院确认或否认亲子关系的主体有三个，分别是父亲、母亲以及成年子女。

在上面的案例中，老宋认为小伟与小宋长得不像，怀疑小伟并不是小宋的亲生儿子，于是向法院提起诉讼，请求为小伟与小宋做亲子鉴定。由于老宋并不是小伟的父亲，只是小伟的爷爷，他并不在法律规定的有权提起亲子关系确认之诉的主体当中，法院不会支持他的请求。

法　条

《中华人民共和国民法典》

第一千零七十三条　对亲子关系有异议且有正当理由的，父或者母可以向人民法院提起诉讼，请求确认或者否认亲子关系。

对亲子关系有异议且有正当理由的，成年子女可以向人民法院提起诉讼，请求确认亲子关系。

10. 老人的田地由儿女种植的，收成应该归老人还是儿女？

案情

老吕头在村里承包了一片耕地，多年来，他靠着这块地为家里盖起了二层小楼，还供儿子小吕念完了大学又结了婚。随着年纪的增长，老吕头逐渐觉得自己开始力不从心，每次在地里干不了多长时间活就累得气喘吁吁。但倔强的老吕头不肯服老，坚持要亲自下地干活，结果不慎扭到了腰。老吕头住院后，小吕自告奋勇，表示自己愿意帮老吕头照顾田里的庄稼。小吕雇了几个人，在老吕头的耕地里劳作。一开始，田里的收益小吕都分文不差地交给老吕头，但渐渐地，交给老吕头的数目越来越少，直到最后，小吕一分都不给老吕头了。老吕头给儿子打电话询问怎么回事，没想到儿媳妇在电话里理直气壮，声称地是小吕种的，钱当然应该归小吕，老吕头有每个月的赡养费就够了。那么，儿媳妇的说法正确吗？

解析

对于上面案例中涉及的问题，我国《老年人权益保障法》第十七条作出了规定：赡养人有义务耕种或者委托他人耕种老年人承包的田地，照管或者委托他人照管老年人的林木和牲畜等，收益归老年人所有。也就是说，当土地承包经营权在老年人手中时，帮助老年人代管其承包的土地是子女的义务，应当积极履行，收益当然归老年人所有。

在上面的案例中，老吕头因病无法照看自己承包的耕地，小吕帮助老吕头照管耕地是小吕应该做的，而不能将其当作为自己谋利的手段。作为子女，在父母年老后要承担的义务不仅仅是按时向老人给付赡养费这么简单，还应该从方方面面照管老人的生活，为老年人生活上提供便利，心理上提供支持。

法　条

《中华人民共和国老年人权益保障法》

第十七条　赡养人有义务耕种或者委托他人耕种老年人承包的田地，照管或者委托他人照管老年人的林木和牲畜等，收益归老年人所有。

11. 子女遗弃或虐待老人的，会受到怎样的法律处罚？

案　情

魏某今年七十岁，她丈夫走得早，自己一个人辛辛苦苦将儿子大毛抚养长大。一年前，魏某因脑血栓瘫痪在床，不仅生活不能自理，甚至连句完整的话都说不出来。大毛和儿媳妇小张嫌麻烦，不愿意亲自照顾魏某，就为魏某雇了一个保姆。保姆觉得照顾魏某过于辛苦，大毛又不肯多给些工资，便辞职不干了。保姆辞职后，大毛一直找不到合适的新保姆，只能硬着头皮亲自照顾母亲。魏某吃喝拉撒都需要人帮忙，日子一长，大毛感到很厌烦，经常打骂魏某，有时还不给她饭吃。小张见状，便给大毛出主意，让他趁晚上没人偷偷将魏某扔出去，反正也不会有人知道。大毛听后，便趁着夜晚，偷偷将魏某扔到了公园里。请问，大毛的行为会受到怎样的处罚呢？

解析

无论是在道德层面还是在法律层面，父母都对儿女有抚养的义务，儿女都对父母有赡养的责任。不愿赡养老人，虐待、遗弃老人的行为是为人所不齿、为法所不容的。我国《治安管理处罚法》第四十五条规定，遗弃没有独立生活能力的被扶养人的，处五日以下拘留或者警告。在上面的案例中，魏某瘫痪在床无法独立生活，大毛狠心将其遗弃，不仅要受到道德谴责，还将面临行政处罚。

对于遗弃家庭成员这种恶劣的行为，我国《刑法》也进行了规制。《刑法》第二百六十一条规定，对于年老、年幼、患病或者其他没有独立生活能力的人，负有扶养义务而拒绝扶养，情节恶劣的，处五年以下有期徒刑、拘役或者管制。也就是说，如果大毛遗弃魏某的行为有其他恶劣情节，或者造成其他严重后果，他将面临的不仅是行政处罚，还有更为严厉的刑事处罚。

法条

《中华人民共和国治安管理处罚法》

第四十五条 有下列行为之一的，处五日以下拘留或者警告：

（一）虐待家庭成员，被虐待人要求处理的；

（二）遗弃没有独立生活能力的被扶养人的。

《中华人民共和国刑法》

第二百六十一条　对于年老、年幼、患病或者其他没有独立生活能力的人，负有扶养义务而拒绝扶养，情节恶劣的，处五年以下有期徒刑、拘役或者管制。

《中华人民共和国民法典》

第一千零四十二条第三款　禁止家庭暴力。禁止家庭成员间的虐待和遗弃。

12. 夫妻离婚都不愿意抚养孩子，老人可以取得孩子的抚养权吗?

案　情

小陆从小学习就不好，初中毕业后勉强上了个技校，刚满二十二岁就在父母的安排下认识了二十一岁的小凤，并与小凤结婚了。虽然结了婚，但是小陆与小凤的相处时间并不长，没什么感情基础。小凤怀孕时，小陆与同单位的小花很谈得来，逐渐发展出了婚外情。后来，小陆和小凤的孩子小虎出生了，小虎三岁时，小凤发现了小陆的出轨行为，十分气愤，立刻向法院提起了离婚诉讼。在确定小虎的抚养权时，小陆觉得自己不会照顾孩子，孩子是个拖累；小凤觉得自己还年轻，带着孩子不好再嫁。一时间，竟然无人愿意抚养小虎。小陆的母亲李月心疼小虎，便提出由她来抚养小虎。那么，李月可以取得小虎的抚养权吗?

解 析

俗话说，父母是孩子的第一任老师，父母天然对子女负有教导、抚育的义务，在法律中也是如此规定的。我国《民法典》第二十六条第一款规定，父母对未成年子女负有抚养、教育和保护的义务。这也说明，作为父母，既然将孩子带到了这个世界上，就应当负起责任，将子女养大成人。

《最高人民法院关于适用〈中华人民共和国民法典〉婚姻家庭编的解释（一）》第六十条规定，在离婚诉讼期间，双方均拒绝抚养子女的，可以先行裁定暂由一方抚养。也就是说，离婚诉讼的双方均不愿意取得抚养权时，法院有权决定先由一方暂时抚养。在上面的案例中，小陆虽不愿意抚养小虎，但是李月有抚养小虎的意愿，虽然她无法直接取得小虎的抚养权，但是法院可以依据李月的抚养意愿裁定暂时由小陆先行抚养小虎。如果抚养权最终确定后，另一方依然不履行抚养小虎的义务，小虎可以依据《民法典》第一千零六十七条第一款的规定，要求另一方给付抚养费。

法 条

《中华人民共和国民法典》

第二十六条第一款 父母对未成年子女负有抚养、教育和保护的义务。

第一千零六十七条第一款 父母不履行抚养义务的，未成年子女或者不能独立生活的成年子女，有要求父母给付抚养费的权利。

《最高人民法院关于适用〈中华人民共和国民法典〉婚姻家庭编的解释（一）》

第六十条 在离婚诉讼期间，双方均拒绝抚养子女的，可以先行裁定暂由一方抚养。

13. 父母双亡的孩子，祖父母对其有抚养义务吗？

案 情

小林与小柳是夫妻，两人十分恩爱，婚后不久便有了爱的结晶。女儿小静六岁时，恰逢十一黄金周，小林与小柳决定带着小静一起去旅游，顺便给小静庆祝生日。就在出游路上，一家人乘坐的车辆遭遇了重大车祸，为了保护小静，小林与小柳一起将小静牢牢护在怀里。最终，小静只受了些轻伤，而小林和小柳却永远地离开了这个世界。小静小小年纪就失去了父母，爷爷奶奶成了她唯一的亲人。奶奶看小静可怜，就提议将小静接来抚养，但是爷爷重男轻女，嫌弃小静是个女孩，坚决不同意奶奶的提议。那么，爷爷不愿抚养小静的行为是合法的吗？

解 析

本案主要涉及未成年人父母双亡后该由谁来担任监护人的问题。我国《民法典》第二十七条规定，父母是未成年子女的监护人，未成年人的父母已经死亡或者没有监护能力的，由下列有监护能力的人按顺序担任监护人：（一）祖父母、外祖父母；（二）兄、姐；（三）其他愿意担任监护人的个人或者组织，但是须经未成年人住所地的居民委员会、村民委员会或者民政部门同意。也就是说，未成年人父母去世后，按照法律规定，祖父母与外祖父母是法定的第一顺位负有监护人义务的主体。

在上面的案例中，小静父母双亡，唯一的亲人就是爷爷奶奶，按照法律规定，爷爷奶奶就应当担负起抚养小静的责任。对于小静来说，能够有爷爷奶奶在身边会对她的成长更为有利；对于爷爷奶奶来说，小静是小林生命的延续，抚养小静也能让他们不再沉浸于失去儿子的痛苦之中。无论是从法律上还是从人情上，由爷爷奶奶抚养小静都是最好的选择，爷爷不愿抚养小静的行为是违法的。

法　条

《中华人民共和国民法典》

第二十七条　父母是未成年子女的监护人。

未成年人的父母已经死亡或者没有监护能力的，由下列有监护能力的人按顺序担任监护人：

（一）祖父母、外祖父母；

（二）兄、姐；

（三）其他愿意担任监护人的个人或者组织，但是须经未成年人住所地的居民委员会、村民委员会或者民政部门同意。

14. 新生儿可以随奶奶的姓氏吗?

案　情

小潘与妻子小余是大学同学，两人感情很好，一毕业就结了婚，婚后不久小余就怀孕了。小余怀孕后，小潘的母亲丁梅找到小潘，表示想和小潘商量点儿事。原来，丁梅当年怀着小潘时，小潘的父亲出轨，丁梅一气之下便离了婚，独自一人将小潘抚养长大。丁梅想让小潘随自己姓，但是小潘父亲坚决不同意，便没有给小潘改姓。如今小潘也即将拥有下一代，丁梅便想让小潘的孩子能随她的姓，也算了却她一个心愿。小潘将母亲的想法与小余商量了一下，小余通情达理，痛快地答应了。可是，到了给孩子上户口的时候，小潘却遇上了难题：工作人员表示孩子随奶奶姓是违规的。小潘怎么也不明白，母亲丁梅是孩子的亲生奶奶，想让孩子随奶奶的姓也不行吗？

解　析

要解决上面案例中小潘的疑惑，就要先清楚按照法律规定，自然人的姓氏可以如何选择。我国《民法典》第一千零一十五条第一款规定，自然人应当随父姓或者母姓，但是也有权选取其他直系长辈血亲的姓氏。也就是说，自然人以随父或母姓为原则，以随其他直系血亲长辈（祖父祖母、外祖父外祖母）的姓氏为例外。

在上面的案例中，丁梅辛苦一生独自将儿子抚养长大，其中付出的艰辛可想而知，她希望让孙子随自己姓的要求是可以理解的。并且小潘对于孩子的姓氏并没有擅自决定，而是经过与妻子讨论后一致决定让孩子随奶奶的姓，完全合情合理合法，工作人员的说法是不正确的。

法　条

《中华人民共和国民法典》

第一千零一十五条　自然人应当随父姓或者母姓，但是有下列情形之一的，可以在父姓和母姓之外选取姓氏：

（一）选取其他直系长辈血亲的姓氏；

……

15. 儿媳妇对患精神病的儿子不管不顾，老人可以请求做其监护人吗？

案 情

老高的儿子小高今年三十四岁，名校博士出身，在外企工作。就在所有人都认为小高前途不可限量时，小高却突然罹患精神疾病，每天疯疯癫癫，完全无法辨认和控制自己的行为。老高夫妇为小高愁白了头，可奈何二老与儿子身处两个城市，只能叮嘱儿媳晓英好好照顾小高。小高生病后，总是大小便失禁，晓英嫌脏，不愿意替小高清理，经常只给小高留下一点儿吃的就大半个月不回家。老高得知后非常气愤，要求晓英与小高离婚。但是晓英贪图小高的房产，坚决不同意离婚。无奈之下，老高只能一纸诉状将晓英告上了法庭。那么，老高可以请求法院将小高的监护人变更为自己吗？

解 析

老高可以向法院提出变更监护人的请求。根据我国《民法典》第三十六条第一款的规定，监护人怠于履行监护职责，导致被监护人出于危困状态，有关个人或者组织有权向人民法院提出申请，撤销其监护人资格，并由人民法院按照最有利于被监护人的原则依法指定监护人。也就是说，无民事行为能力的成年人的配偶担任监护人时，怠于履行监护职责的，无民事行为能力人的父母有权向法院申请更换监护人。

在上面的案例中，小高失去了民事行为能力，妻子晓英作为他的监护人，并没有尽到该尽的责任，小高不仅日常生活得不到照料，甚至还要忍饥挨饿。在这种情况下，老高作为小高的父亲，有权按照法律的规定，向法院提出申请，请求撤销晓英的监护人资格，并申请法院指定自己为小高的监护人。

法　条

《中华人民共和国民法典》

第三十六条第一款　监护人有下列情形之一的，人民法院根据有关个人或者组织的申请，撤销其监护人资格，安排必要的临时监护措施，并按照最有利于被监护人的原则依法指定监护人：

（一）实施严重损害被监护人身心健康的行为；

（二）怠于履行监护职责，或者无法履行监护职责且拒绝将监护职责部分或者全部委托给他人，导致被监护人处于危困状态；

（三）实施严重侵害被监护人合法权益的其他行为。

16. 小女儿上大学后总是跟家里要钱，老人还有给付抚育费的义务吗?

案　情

老张夫妇年近五十才有了女儿心心。心心一出生，便备受宠爱，虽然老张与妻子只是普通工薪族，但还是尽力满足心心所有的要求。久而久之，心心养成了大手大脚的习惯，对金钱也没什么概念。心心高中毕业后，考上了外省的大学。在学校里，心心看见什么喜欢的东西都要买，还时不时请同学出去吃饭聚会。老张老两口已经退休好几年了，对于心心的铺张浪费有些力不从心，便狠下心对心心说，如果她再这样，他们就不再给心心提供生活费了。谁知，心心却理直气壮地表示，只要她还在上学，老张夫妇就有给她生活费的义务。那么，心心的说法正确吗？

解 析

根据我国《民法典》第一千零六十七条第一款的规定，父母不履行抚养义务的，未成年子女或者不能独立生活的成年子女，有要求父母给付抚养费的权利。对于此规定中“不能独立生活的成年子女”，《最高人民法院关于适用〈中华人民共和国民法典〉婚姻家庭编的解释（一）》第四十一条对其作了进一步规定：尚在校接受高中及以下学历教育，或者丧失、部分丧失劳动能力等非因主观原因而无法维持正常生活的成年子女，可以认定为“不能独立生活的成年子女”。

在上面的案例中，心心已经离开家去外省读了大学，虽然还是在上学，但是心心的情况并不符合法律规定的“尚在校接受高中及以下学历教育”的情形，老张夫妇不再负有给付心心抚养费的义务。老张夫妇将心心抚养长大，并坚持负担心心读大学后的生活费，不论是从法律上还是从情感上都尽到了父母的义务。而心心作为子女，也不应将父母的付出视为理所应当，应关心体谅父母，才能营造和谐美满的家庭氛围。

法　条

《中华人民共和国民法典》

第一千零六十七条第一款　父母不履行抚养义务的，未成年子女或者不能独立生活的成年子女，有要求父母给付抚养费的权利。

《最高人民法院关于适用〈中华人民共和国民法典〉婚姻家庭编的解释（一）》

第四十一条　尚在校接受高中及其以下学历教育，或者丧失、部分丧失劳动能力等非因主观原因而无法维持正常生活的成年子女，可以认定为民法典第一千零六十七条规定的“不能独立生活的成年子女”。

17. 儿子英年早逝，儿媳无力抚养孩子而欲将其送养的，爷爷奶奶可以获得抚养权吗？

案　情

老汪夫妇膝下只有一个儿子小汪。小汪大学毕业后，顺利进入外企工作，并且与大学同学小顾结了婚。小汪与小顾婚后不久，小顾在一次意外中不幸失去了双腿。虽然小顾身体残疾，还因此失去了工作，但是小汪并没有因此嫌弃她，反而更加爱护她。小顾被小汪的真情打动，冒着生命危险生下了两人的女儿倩倩。倩倩出生后，小汪十分高兴，为了给女儿提供更好的生活环境，他申请调到了工资更高但需要经常出差的岗位。一次出差时，小汪乘坐的飞机失事，小汪不幸遇难。小汪去世后，小顾悲痛欲绝。她身体残疾，连自己都无法养活，该如何抚养倩倩呢？正当小顾打算将倩倩送到更好的家庭时，老汪夫妇提出他们愿意抚养倩倩。那么，在这种情况下，老汪夫妇可以取得倩倩的抚养权吗？

解 析

老汪夫妇可以取得倩倩的抚养权。根据我国《民法典》第一千一百零八条的规定，配偶一方死亡，另一方送养未成年子女的，死亡一方的父母有优先抚养的权利。法律这样规定，不仅能使刚失去子女的父母得到心灵上的慰藉，也能够使未成年人留在直系亲属身旁长大，对未成年人的健康成长有着更为积极的影响。

在上面的案例中，小顾身体残疾且没有工作，小汪去世后，只靠小顾自己难以维持正常生活，独自抚养倩倩对于小顾来说是过于沉重的负担。在这种情况下，小顾想要将倩倩送养情有可原。同时，老汪夫妇也承受着失去儿子的痛苦，抚养倩倩也能让他们失去儿子的痛苦得到缓解。因此，无论是从情理上还是从法律上，老汪夫妇取得倩倩的抚养权都是理所应当的。

法 条

《中华人民共和国民法典》

第一千一百零八条 配偶一方死亡，另一方送养未成年子女的，死亡一方的父母有优先抚养的权利。

18. 女儿离婚后取得抚养权，丈母娘教唆女儿不让孩子父亲探望，违法了吗？

案情

庄慧的女儿王莎与丈夫小刘感情不和，平时总是吵架，小刘还时常夜不归宿，对两人的儿子辰辰也不闻不问。王莎无法忍受小刘的冷漠，愤而决定向法院起诉离婚。由于辰辰还未满两岁，法院便将辰辰的抚养权判给了王莎。王莎带着儿子回了娘家，庄慧得知小刘的所作所为后十分气愤，便对王莎说："他不仁别怪你不义，反正他不关心孩子，孩子对他也没什么感情，干脆就别再让孩子见他了。"王莎深以为然。于是，每当小刘来探望辰辰时，王莎都百般阻挠，就是不让小刘和辰辰见面。小刘忍无可忍，将王莎告上了法庭。那么，庄慧教唆女儿王莎阻止小刘探望辰辰的行为违法了吗？

解析

夫妻感情破裂离婚是常有的，但是子女与父母之间的联系并不会因为父母离婚而中断，未取得抚养权的一方在法律上当然享有探望子女的权利。根据我国《民法典》第一千零八十六条第一款的规定，离婚后，不直接抚养子女的父或者母，有探望子女的权利，另一方有协助的义务。

对于另一方的协助义务，我们可以通过《最高人民法院关于适用〈中华人民共和国民法典〉婚姻家庭编的解释（一）》第六十八条的规定加以理解：对于拒不协助另一方行使探望权的有关个人或者组织，可以由人民法院依法采取拘留、罚款等强制措施。也就是说，在上面的案例中，庄慧与王莎阻止小刘探望辰辰，小刘可以向人民法院起诉，由人民法院对王莎采取相应的强制措施，来保障自己的探视权。

王莎与小刘虽然已经离婚，但是辰辰与小刘之间的父子血缘关系是无法剪断的。为了辰辰更好地成长，王莎也应当积极协助小刘对辰辰进行探望，保证辰辰成长过程中父亲的位置没有缺失。

法 条

《中华人民共和国民法典》

第一千零八十六条第一款 离婚后，不直接抚养子女的父或者母，有探望子女的权利，另一方有协助的义务。

《最高人民法院关于适用〈中华人民共和国民法典〉婚姻家庭编的解释（一）》

第六十八条 对于拒不协助另一方行使探望权的有关个人或者组织，可以由人民法院依法采取拘留、罚款等强制措施，但是不能对子女的人身、探望行为进行强制执行。

19. 六十多岁的老人还能收养子女吗？

案 情

老江与妻子朱霞今年已经六十五岁了，两人的儿子小江是一名人民警察。一年前，小江在一次任务中光荣牺牲。老江夫妇得知这个噩耗后，每天以泪洗面，直到最近才逐渐从失去儿子的悲痛中走出来。夫妇俩骤然变成了失独老人，非常向往儿孙绕膝的感觉。可是他和朱霞年纪都大了，已经没有了生育能力。老江便和朱霞商量，两人经济条件比较好，可以去福利院收养一个孩子，以后也能给他们两人养老。可是，朱霞却有些犹豫。她认为她和老江已经这么大岁数了，福利院不会同意他们的收养申请的。那么，像老江与朱霞这样六十多岁的老人，还能够收养子女吗？

解　析

要想解决老江夫妇的顾虑，先要清楚我国《民法典》中关于收养人条件的规定。《民法典》第一千零九十八条规定，收养人应同时具备下列条件：（一）无子女或者只有一名子女；（二）有抚养、教育和保护被收养人的能力；（三）未患有在医学上认为不应当收养子女的疾病；（四）无不利于被收养人健康成长的违法犯罪记录；（五）年满三十周岁。

根据上述规定可知，法律对收养人只有最低年龄限制，而无最高年龄限制，也就是说，六十五岁的老江夫妇在年龄上是符合法律规定的收养条件的。另外，老江夫妇虽然年龄比较大，但是两人的身体都很健康，经济条件也较为优越，完全可以承担一个孩子成年以前所需要的费用。况且，老江夫妇培育出了一位为人民英勇牺牲的儿子，说明两人的教育方式可圈可点，家庭氛围也十分适合未成年人健康成长。因此，老江夫妇符合收养人的条件，可以收养子女。

法　条

《中华人民共和国民法典》

第一千零九十八条　收养人应当同时具备下列条件：

（一）无子女或者只有一名子女；

（二）有抚养、教育和保护被收养人的能力；

（三）未患有在医学上认为不应当收养子女的疾病；

（四）无不利于被收养人健康成长的违法犯罪记录；

（五）年满三十周岁。

20. 被养子女虐待后，可以解除收养关系吗？

案情

老张与妻子刘某年过四十还没有孩子，两人去医院检查，被医生告知老张患有不育症，恐怕此生都无法拥有自己的孩子了。得知这个消息的夫妻两人伤心过后，决定到福利院收养一个孩子。经过到福利院与孩子们相处，两人最终决定收养小木作为自己的儿子。老张与刘某办理收养手续后，对小木视如己出，在生活和学习上都努力为他提供最好的条件。但是小木并不珍惜老张夫妻的付出，从初中开始，就总是逃课出去和狐朋狗友鬼混，高中读了一半就被学校劝退了。小木退学后，老张到处托关系，总算让小木去读了技术学校。小木从技术学校毕业后，只能找到一份勉强糊口的工作。如今老张和刘某均已退休，身体也不好，常常需要去医院看病。小木认为两人是他的拖累，经常对他们非打即骂。老张看到自己辛辛苦苦拉扯大的孩子如今却这样恩将仇报，留下了伤心欲绝的眼泪。那么，面对小木的虐待，老张可以怎么做呢？

解　析

根据我国《民法典》第一千一百一十一条第一款的规定，自收养关系成立之日起，养父母与养子女间的权利义务关系，适用本法关于父母子女关系的规定。从这条规定中可以看出，养父母与养子女之间虽然不具有血缘关系，但是法律将他们拟制为血亲，同样要尽到血亲间的义务。在本案中，老张老两口合法收养了小木，并尽心尽力对小木尽到了抚养义务，小木对老张与刘某进行虐待，无论是从道德上，还是从法律上，都是毫无道理且无法容忍的。

《民法典》第一千一百一十五条和第一千一百一十八条规定，养父母与成年养子女关系恶化、无法共同生活的，可以协议解除收养关系。因养子女成年后虐待养父母而解除收养关系的，养父母可以要求养子女补偿收养期间支出的抚养费。正因为养父母与养子女之间并没有血缘关系，因此法律赋予了他们解除收养关系的权利。老张与刘某仁至义尽却饱受小木虐待，符合法律规定的解除收养关系的条件，他们可以向法院寻求救济。收养关系解除后，老张也可以向小木主张补偿其支出的抚养费。

法　条

《中华人民共和国民法典》

第一千一百一十一条第一款　自收养关系成立之日起，养父母与养子女间的权利义务关系，适用本法关于父母子女关系的规定；养子女与养父母的近亲属间的权利义务关系，适用本法关于子女与父母的近亲属关系的规定。

第一千一百一十五条 养父母与成年养子女关系恶化、无法共同生活的，可以协议解除收养关系。不能达成协议的，可以向人民法院提起诉讼。

第一千一百一十八条第一款 收养关系解除后，经养父母抚养的成年养子女，对缺乏劳动能力又缺乏生活来源的养父母，应当给付生活费。因养子女成年后虐待、遗弃养父母而解除收养关系的，养父母可以要求养子女补偿收养期间支出的抚养费。

21. 成年养子女与生父母的关系，会因收养关系的解除而自动恢复吗？

案 情

小裴五岁时，亲生父母生了弟弟，便开始嫌弃她是个女孩，将她送给了同村的周大强。周大强与妻子苗晓梅一直没有子女，便将小裴当亲生女儿抚养。小裴上大学后，苗晓梅因病去世。周大强沉浸在失去妻子的悲痛中，每日借酒消愁，甚至染上了赌瘾。为了偿还周大强的赌债，小裴在兼顾学业的同时，还要打好几份工，没多久就病倒了。小裴劝周大强戒掉赌瘾，但是周大强非但不听，还以自杀相要挟，逼着小裴把钱交出来。无奈之下，小裴只能向法院起诉，请求解除与周大强的收养关系。收养关系解除后，小裴的亲生父母找上门来，声称小裴现在又是他们的女儿了，要求小裴每月向他们支付赡养费。那么，小裴亲生父母的要求合理吗？

解　析

上面案例主要涉及的问题是，成年养子女与养父母解除收养关系后，其与生父母之间的权利义务关系是否自动恢复。根据我国《民法典》第一千一百一十七条的规定，收养关系解除后，成年养子女与生父母及其他近亲属间的权利义务关系是否恢复，可以协商确定。也就是说，成年养子女与生父母之间的权利义务关系并不是自动恢复的，而是需要双方协商进行确定的。生父母放弃生子女这一行为，在人伦和情感上都十分复杂，这条规定也能给予被弃养的成年子女一个自主的选择权。

在上面的案例中，小裴已经上大学了，是一名已满十八周岁的成年人。虽然她已经与养父周大强解除了收养关系，但是她与亲生父母之间的权利义务关系，可以与亲生父母协商确定，在确定之前，她不必承担对亲生父母的赡养义务。

法　条

《中华人民共和国民法典》

第一千一百一十七条　收养关系解除后，养子女与养父母以及其他近亲属间的权利义务关系即行消除，与生父母以及其他近亲属间的权利义务关系自行恢复。但是，成年养子女与生父母以及其他近亲属间的权利义务关系是否恢复，可以协商确定。

22. 留守儿童打伤人，监护他的奶奶应该赔偿吗?

案 情

王花住在农村里，务农为生。她的儿子与儿媳妇都在城里打工，只留下他们的儿子小飞委托王花照顾。王花平时非常溺爱小飞，把小飞宠得飞扬跋扈，平时在村里横行霸道，经常欺负别人家的孩子。久而久之，其他孩子都变得不喜欢小飞，玩游戏时也总是把他排除在外。小飞气不过，就把这件事告诉了王花。王花告诉小飞："谁要是不跟你玩游戏，你就把他打一顿，反正小孩子之间打闹是常有的事。"小飞听后，就把排挤他的小斌打了一顿。第二天，小斌的家长气势汹汹地来到王花家里，表示小斌被小飞打得耳膜穿孔，要求王花赔偿医药费。王花却说，这是小飞父母该管的事情，和她没有关系。那么，王花的说法正确吗?

解 析

上面案例涉及委托监护人是否应当为被监护人承担侵权责任的问题。根据我国《未成年人保护法》第二十二条第一款的规定，监护人因外出务工不能完全履行监护职责的，应当委托具有照护能力的完全民事行为能力人代为照护。受托人即为未成年人的委托监护人，需要暂时代替监护人履行监护职责。

我国《民法典》第一千一百八十九条规定，监护人将监护职责委托给他人的，被监护人造成他人损害时，受托人有过错的，承担相应的责任。也就是说，即使受托人并不是未成年人真正的监护人，也要承担一定的责任。在上面的案例中，王花作为小飞的奶奶，代替儿子和儿媳照顾小飞，不仅需要照顾小飞的生活起居，也需要对小飞进行教育、引导。当小飞欺负其他孩子时，王花不仅没有教育小飞与其他孩子团结友爱，还鼓动小飞殴打别人，这种行为无疑是极其不负责任的。因此，王花对于小飞打伤他人的行为存在过错，应当承担赔偿责任。

法　条

《中华人民共和国未成年人保护法》

第二十二条第一款　未成年人的父母或者其他监护人因外出务工等原因在一定期限内不能完全履行监护职责的，应当委托具有照护能力的完全民事行为能力人代为照护；无正当理由的，不得委托他人代为照护。

《中华人民共和国民法典》

第一千一百八十九条　无民事行为能力人、限制民事行为能力人造成他人损害，监护人将监护职责委托给他人的，监护人应当承担侵权责任；受托人有过错的，承担相应的责任。

23. 解除母子关系协议书有效吗?

案　情

马萍有一个儿子，名叫徐壮。自从十年前丈夫去世，马萍便独自一人抚养儿子，吃了不少苦头。然而，徐壮却丝毫不体谅母亲的难处，早早辍学，在社会上认识了许多狐朋狗友，经常到酒吧去喝酒蹦迪。在这些所谓“朋友”的带领下，徐壮染上了毒瘾。为了吸毒，他不惜向马萍撒谎要钱，等马萍发现不对劲时，为时已晚。得知真相的马萍立即将尚未成年的徐壮送到戒毒所，可是每次从戒毒所出来，徐壮都忍不住再次吸食毒品。面对徐壮的一次次承诺、一次次复吸，马萍彻底寒了心。她流着泪写下一纸解除母子关系协议书，并签上了自己的名字。请问，马萍书写的这份解除母子关系协议书，能够具有法律效力吗？

解　析

马萍书写的解除母子关系协议书，无论是否得到徐壮的同意，在法律上都是无效的。我国《民法典》的第八条规定了公序良俗的基本原则，这表示，民事主体实施的一切民事行为都不得与公序良俗原则相违背。具有血缘关系的母子之间解除母子关系这一行为，并不符合大众伦理的要求，也有违公序良俗的基本原则。

同时，《民法典》第二十六条规定，父母对未成年子女负有抚养、教育和保护的义务，成年子女对父母负有赡养、扶助和保护的义务，这一规定是法律的强制性规定，不得任意违背。《民法典》第一百五十三条第一款规定，违反法律、行政法规的强制性规定的民事法律行为无效。也就是说，想要通过解除母子关系协议来规避父母子女之间互负的义务是违反法律规定的，是无效的民事法律行为。由此可见，上面的案例中，徐壮尚未成年，马萍依然对他负有抚养义务，是不能通过解除母子关系协议来规避这种义务的。马萍写下的解除母子关系协议，无论从哪个角度来看，都无法得到法律的支持。

法　条

《中华人民共和国民法典》

第八条　民事主体从事民事活动，不得违反法律，不得违背公序良俗。

第二十六条　父母对未成年子女负有抚养、教育和保护的义务。

成年子女对父母负有赡养、扶助和保护的义务。

第一百五十三条第一款　违反法律、行政法规的强制性规定的民事法律行为无效。但是，该强制性规定不导致该民事法律行为无效的除外。

第二章

赡养问题

1. 声明断绝父子关系后，儿子可以不赡养父亲吗？

案 情

老黄的儿子小黄从小就是个不让人省心的孩子。初中时，小黄又逃课又早恋，老黄隔三差五被老师请到学校谈话。对小黄，老黄是打也打了骂也骂了，但是小黄依然我行我素，根本不把老黄放在眼里。高考后，小黄好不容易考上了专科学校，拿了导游证。毕业后，小黄顺利进入一家旅行社工作。老黄本以为自己操心的日子总算到头了，可谁知，小黄突然告诉老黄，他不慎踏入了网赌的深渊，如今欠下了十五万的赌债。老黄一气之下，线上线下地到处声明与小黄断绝父子关系。小黄得知后，便对老黄说："等你老了可别指望我养你！"请问，在这种情况下，小黄对老黄还有赡养义务吗？

解 析

具有血缘关系的父子之间，天然互相具有扶养义务，这是无法通过个人行为加以排除的。根据我国《民法典》第二十六条的规定，父母对未成年子女负有抚养义务，成年子女对父母负有赡养义务。从这条规定可以看出，子女赡养年老的父母不仅仅是道德上的要求，更是法律的强制规定。

《民法典》第八条和第一百五十三条规定，民事主体从事民事活动，不得违反法律，不得违背公序良俗，违反法律、行政法规的强制性规定的民事法律行为无效。在上面的案例中，老黄到处声明与小黄断绝父子关系，小黄也扬言不再赡养父亲，他们的行为都违反了法律关于父子间扶养义务的规定，是无法得到法律支持的。由此可见，老黄断绝父子关系的声明并无法律效力，小黄也依然对老黄负有赡养义务。

法　条

《中华人民共和国民法典》

第八条　民事主体从事民事活动，不得违反法律，不得违背公序良俗。

第二十六条　父母对未成年子女负有抚养、教育和保护的义务。

成年子女对父母负有赡养、扶助和保护的义务。

第一百五十三条第一款　违反法律、行政法规的强制性规定的民事法律行为无效。但是，该强制性规定不导致该民事法律行为无效的除外。

2. 子女放弃继承权，就可以不赡养父母了吗？

案　情

巩大爷有两个女儿，大女儿常年在国外定居，二女儿在巩大爷家附近的保险公司上班。最近，巩大爷总觉得身体反应有些迟钝，腿脚总是不听使唤。到医院一查，医生说巩大爷患了脑梗，有偏瘫的迹象。二女儿将巩大爷的情况告诉了姐姐，商量两人对巩大爷的赡养问题。大女儿表示，她最近手头紧，拿不出赡养费，在国外工作又忙，无法回国照顾巩大爷。经过商量，大女儿与二女儿签订一纸协议，由大女儿作出放弃对巩大爷遗产的继承权的书面说明，从此由二女儿独自担负赡养巩大爷的义务。请问，大女儿放弃继承权后，是否可以不再担负赡养义务呢？

解　析

根据我国《老年人权益保障法》第十九条第一款的规定，赡养人不得以放弃继承权或者其他理由，拒绝履行赡养义务。从这条规定中，我们可以看出，赡养义务是法律强制规定的赡养人必须履行的义务，赡养人无法通过任何行为来规避。

在上面的案例中，巩大爷的大女儿以放弃继承权为条件，来达成自己不履行赡养义务的目的，这是不符合法律规定的。从情理上讲，巩大爷将女儿抚养长大，其中投入的精力和感情无法衡量，作为子女应当对父母的抚育之恩怀有感恩之心，在父母年老后照顾父母是理所应当的；从法律上讲，成年子女赡养父母是法律的强制性规定，是子女必须承担的义务，大女儿不能通过放弃继承权的方式来逃避自己的义务。

如果大女儿坚持不肯承担对巩大爷的赡养义务，巩大爷可以依据《老年人权益保障法》第十九条第二款的规定，要求大女儿给付赡养费。

法　条

《中华人民共和国老年人权益保障法》

第十九条　赡养人不得以放弃继承权或者其他理由，拒绝履行赡养义务。

赡养人不履行赡养义务，老年人有要求赡养人付给赡养费等权利。

……

3. 嫁出去的女儿有义务赡养父母吗?

案 情

老于出生在一个思想十分封建的家庭，认为只有儿子才是自家人，女儿都是外人。他的女儿于大从小便受到老于的冷待，于大不明白，自己明明样样都比弟弟于二优秀，为什么却得不到父母的喜爱。久而久之，于大与老于的感情变得十分淡薄，于大结婚后，更是再也没和老于联系过。前几天老于因脑梗住院，于二想要给老于请个护工，但是自己一人负担不起护工的费用，便请于大帮忙。于大却说："我已经结婚了，不是你们于家的人了，没有赡养义务。"那么，于大的说法正确吗?

解 析

新中国成立后，我国便与过去几千年的封建落后思想彻底告别了，男女平等这一原则更是在我国各个部门法中都有所体现。我国公民不论性别，在法律上都享有平等的权利，负有平等的义务。在我国的《民法典》和《老年人权益保障法》中，都有成年子女应当对老年人担负赡养义务的相关规定。也就是说，只要是被赡养人的子女，无论其是何种性别，都应该依据法律履行赡养老人的义务。在上面的案例中，于大作为老于的女儿，从小便受到不公平的对待。但是，于大并不能以此为借口，拒绝履行对老于的赡养义务。即使于大并不能认同父亲的思想，也不能通过逃避赡养义务的方式来"报复"父亲。于大可以用自己的实际行动扭转老于的迂腐思想，让老于认识到男尊女卑的思想已经被社会淘汰，儿子和女儿都应当是家庭的一份子。

法　条

《中华人民共和国老年人权益保障法》

第十四条　赡养人应当履行对老年人经济上供养、生活上照料和精神上慰藉的义务，照顾老年人的特殊需要。

赡养人是指老年人的子女以及其他依法负有赡养义务的人。

赡养人的配偶应当协助赡养人履行赡养义务。

《中华人民共和国民法典》

第二十六条第二款　成年子女对父母负有赡养、扶助和保护的义务。

4. 赡养父母，只给赡养费就可以吗？

案　情

姜大妈年轻时与前夫感情不和，便提出了离婚。由于前夫的经济条件更为优越，为了女儿小季以后能得到更好的教育，姜大妈主动放弃了小季的抚养权。姜大妈离开后，小季便记恨上了她，每次她去看望小季，小季都对她冷眼相待。小季大学毕业后，在离姜大妈家不远的地方工作。虽然工作单位离得近，但小季除每个月按时给姜大妈赡养费外，从不主动来看望姜大妈，接听姜大妈电话时语气也很不耐烦。受到女儿冷待的姜大妈十分伤心，她想知道，女儿对母亲的赡养就仅仅是这样冷冰冰的金钱关系吗？

解 析

随着社会的发展，人们的物质生活条件越来越好，与此同时，人们对于精神世界的追求也越来越高。进入二十一世纪以来，人们的工作越来越忙，与亲人的交流也越来越少，空巢老人的心理问题也愈加突出。我国《老年人权益保障法》第十八条第一款和第二款规定，家庭成员应当关心老年人的精神需求，不得忽视、冷落老年人。与老年人分开居住的家庭成员，应当经常看望或者问候老年人。也就是说，子女不应只关注父母的物质生活，认为只要向父母给付了赡养费便万事大吉，老年人的精神生活是否得到满足同样是子女应当考虑到的问题。

在上面的案例中，小季虽然按时向姜大妈给付赡养费，但姜大妈作为一个母亲，相比起冷冰冰的金钱，更渴望的是女儿能够承欢膝下。虽然姜大妈在小季的成长过程中没能时刻陪伴在她身边，但这也是出于对小季未来的考量，小季应当放下自己的任性，体谅姜大妈的一片苦心。小季应当多去看望姜大妈，与她多多沟通，来化解两人的心结，从而构建更加和谐的家庭关系。

法 条

《中华人民共和国老年人权益保障法》

第十八条 家庭成员应当关心老年人的精神需求，不得忽视、冷落老年人。

与老年人分开居住的家庭成员，应当经常看望或者问候老年人。

用人单位应当按照国家有关规定保障赡养人探亲休假的权利。

5. 儿子不回家探望，父亲可以起诉儿子吗？

案　情

老贾的家住在小县城，儿子小贾从小就很向往大城市的生活。高考后，小贾义无反顾地在志愿表上填满了北京的大学，立志将来在北京发展。大学毕业后，小贾成功留在北京工作，并在当地结婚生子。前两年，老贾的老伴因病去世，只剩下老贾独自生活。时间久了，老贾难免觉得有些寂寞，便希望儿子能常回来看看。但是小贾工作忙，除每个月按时汇来的生活费外，连电话都不怎么给老贾打。偶然间，老贾在电视上看到，儿女总是不回家看望父母是违法的。看到这里，老贾一下子来了精神。他想知道，小贾总是不来看他，他可以去法院起诉小贾吗？

解　析

成年子女对父母应当承担的赡养义务不仅是给付赡养费，回家探望父母、照顾父母、满足父母的精神需求都包含在赡养义务之中。在上面的案例中，虽然小贾向老贾给付了赡养费，但是老贾更渴望的是儿子的陪伴。根据我国《老年人权益保障法》第七十五条第一款的规定，老年人与家庭成员因赡养、扶养或者住房、财产等发生纠纷，可以申请人民调解委员会或者其他有关组织进行调解，也可以直接向人民法院提起诉讼。也就是说，如果小贾执意不回家看望父亲，老贾是可以去法院起诉小贾的。

家应当是家庭成员温暖的港湾，家庭成员之间应当和谐有爱、互帮互助。虽然老贾对小贾不回家的行为很不满，但他可以选择更为温和的解决方式，以免使父子之间的关系过于僵化。例如，老贾可以与小贾多多沟通，谈谈自己内心的想法，或者向当地居委会或村委会提出申请，请他们进行调解，对小贾进行说服、教育等。

法 条

《中华人民共和国老年人权益保障法》

第七十五条 老年人与家庭成员因赡养、扶养或者住房、财产等发生纠纷，可以申请人民调解委员会或者其他有关组织进行调解，也可以直接向人民法院提起诉讼。

人民调解委员会或者其他有关组织调解前款纠纷时，应当通过说服、疏导等方式化解矛盾和纠纷；对有过错的家庭成员，应当给予批评教育。

人民法院对老年人追索赡养费或者扶养费的申请，可以依法裁定先予执行。

6. 除了亲生子女，继子女也要承担赡养义务吗?

案 情

老任年轻时，因为家庭矛盾与前妻离婚，女儿沫沫的抚养权由前妻取得。离婚后，老任遇到了育有一子的小慧。老任与小慧一见如故，并最终迈入了婚姻的殿堂。结婚后，老任对小慧的儿子小海视如己出，经常陪他一起玩耍，指导他学习。虽然已经与前妻离婚了，但老任对女儿沫沫的关爱仍旧没有减少，常常在周末去看望她，带她去游乐园。时光飞逝，小海与沫沫都大学毕业了，小海成为了一名公司职员，而沫沫考上了研究生，跟着导师进入研究所工作。老任退休后，身体不太好，需要人照顾，可是小慧年纪也大了，无法很好地照顾老任。于是，老任便和小海商量，让他与沫沫轮流照顾自己。谁知，小海却表示，老任又不是他的亲生父亲，他没有照顾老任的责任。那么，小海的说法正确吗？

解　析

要解决上面案例中的问题，首先要清楚继父母子女之间的权利义务关系。继父母子女之间的关系并不是天然的亲属关系，而是一种由父母的婚姻关系引起的、由法律进行规范的亲子关系。根据我国《民法典》第一千零七十二条第二款的规定，继父和受其抚养教育的继子之间的权利义务关系，适用《民法典》中关于父母子女关系的规定。也就是说，如果继父与继子之间已经形成了实际上的养育关系，那么他们之间的权利义务就与亲生父子之间的权利义务相同。

在上面的案例中，老任与小慧结婚时，小海还是未成年人，老任并没有对小海不管不顾，而是经常陪伴教育小海，这说明老任实际上已经养育了小海。那么，老任与小海的权利义务关系便可以适用《民法典》第一千零七十二条第二款的规定，小海应当承担起对老任的赡养义务。

法　条

《中华人民共和国民法典》

第一千零七十二条第二款　继父或者继母和受其抚养教育

的继子女间的权利义务关系，适用本法关于父母子女关系的规定。

7. 父母再婚后，成年子女是否还对其负有赡养义务？

案 情

三十年前，老聂与前妻赖某离婚，协议儿子小聂由赖某抚养，老聂每月向小聂给付抚养费。离婚后不久，老聂便再婚了。再婚妻子是“丁克族”，不喜欢小孩，老聂考虑到自己已经有儿子了，就答应了妻子不生孩子的提议。几年前，妻子因病去世，只剩下老聂一人独自生活。日子久了，老聂逐渐感到十分孤单，非常渴望有人能够陪伴自己。于是，老聂便给小聂打电话，请求小聂每周来看望他两次，陪他说说话。小聂满口答应，可到了约定的日子，又总借口工作忙，一次都没来过。老聂总是打电话催促小聂，让小聂感到很不耐烦，便对老聂说，他是赖某抚养长大的，只对赖某有赡养义务，让老聂不要再打电话来了。老聂很不解，小聂明明也是他的儿子，真的对他没有赡养义务吗？

解 析

小聂对老聂负有赡养义务。对于父母再婚后，成年子女是否对再婚后的父母负有赡养义务的问题，我国《民法典》与《老年人权益保障法》均作出了规定。《民法典》第一千零六十九条规定，子女对父母的赡养义务，不因父母的婚姻关系变化而终止。也就是说，即使父母离婚，其中一方取得抚养权，子女仍然对未取得抚养权的一方负有赡养义务。

在上面的案例中，老聂与赖某离婚后，小聂一直由赖某抚养，但是他和老聂之间的父子血缘并不会因此而切断，法律也并不会终止他与老聂之间的权利义务关系，老聂仍需给付抚养费就能够很好地说明这一点。正因如此，无论从道德方面还是法律方面，赡养老聂都是小聂不可推卸的责任和义务。

法　条

《中华人民共和国民法典》

第一千零六十九条　子女应当尊重父母的婚姻权利，不得干涉父母离婚、再婚以及婚后的生活。子女对父母的赡养义务，不因父母的婚姻关系变化而终止。

《中华人民共和国老年人权益保障法》

第二十一条　老年人的婚姻自由受法律保护。子女或者其他亲属不得干涉老年人离婚、再婚及婚后的生活。

赡养人的赡养义务不因老年人的婚姻关系变化而消除。

8. 与养子解除收养关系后，其还有赡养义务吗？

案　情

老谭一直没有结婚，为了以后有人养老，便抱养了隔壁村老牛的儿子小旭。小旭学习不好，小学没读完就辍学了，每天到处乱逛，也不跟老谭学着种地养活自己。小旭十八岁时，听别人说进城打工可以挣不少钱，就瞒着老谭悄悄进了城。进城后，小旭本以为可以轻松找到工作，但是他没有文化，只有工地愿意要他。小旭嫌弃工地工资低，又辛苦，便琢磨起了歪点子。他每天到路边“碰瓷”，假装被车撞伤，向车主索要医疗费。没过多久，小旭就被警方抓获了。老谭得知小旭竟然瞒着自己去违法犯罪，一气之下和小旭解除了收养关系。几年后，老谭因病致残，失去了生活来源，走投无路，只能又找到小旭，请求他给付赡养费。那么，小旭对老谭还负有赡养义务吗？

解 析

与养子解除收养关系后，是否还能够请求其负担赡养义务呢？我国《民法典》第一千一百一十八条第一款对此作出了规定。收养关系解除后，经养父母抚养的成年养子女，对缺乏劳动能力及生活来源的养父母，应当给付生活费。也就是说，养父与养子之间解除收养关系后，并不是从此就一拍两散、毫无关系了，如果养父与养子之间已经形成了实际的抚养关系，当养父失去劳动能力和生活来源后，养子仍需按照法律规定履行赡养义务。

在上面的案例中，老谭一人辛苦将小旭抚养长大，虽然后来因为小旭的违法犯罪行为，两人解除了收养关系，但是老谭对小旭的养育之恩仍旧是不可磨灭的。当老谭失去劳动能力后，小旭理所应当向老谭伸出援手，这不仅仅是法律上的要求，更是道德上的要求，是构建文明和谐社会的要求。

法 条

《中华人民共和国民法典》

第一千一百一十八条第一款 收养关系解除后，经养父母抚养的成年养子女，对缺乏劳动能力又缺乏生活来源的养父母，应当给付生活费。因养子女成年后虐待、遗弃养父母而解除收养关系的，养父母可以要求养子女补偿收养期间支出的抚养费。

9. 子女们订立的轮流赡养老人的协议有效吗？

案　情

老吕这一生与妻子孟某养育了三个令他骄傲的儿女：大儿子在外企担任高管，二女儿是一名医生，小儿子考上了公务员。几年前，孟某因病去世，老吕便一直独自一人生活。今年年初，老吕突发脑溢血。经过医生的一番抢救，虽然他脱离了生命危险，却留下了半身不遂的后遗症。老吕现在的情况需要人照顾，三个子女便与老吕商量，签订了一纸赡养协议，约定三个人每人一个月，轮流来照顾行动不便的老吕。协议签订后，老吕父子四人均在协议上按上了自己的指纹。请问，他们签订的赡养协议具有法律上的约束力吗？

解　析

老吕的子女们签订的赡养协议是有法律效力的。我国《老年人权益保障法》第二十条规定，经老年人同意，赡养人之间可以就履行赡养义务签订协议。赡养协议的内容不得违反法律的规定和老年人的意愿。也就是说，赡养人之间签订的赡养协议，在与老年人意思相一致，且不违反法律规定（如通过赡养协议规避赡养人的赡养义务为违法）时，其内容是被法律认可的。

在上面的案例中，老吕的子女们签订的赡养协议是与老吕一起讨论决定的，依据协议约定，每个人都有其应当负担的赡养义务，这份赡养协议是有法律约束力的。

法 条

《中华人民共和国老年人权益保障法》

第二十条 经老年人同意，赡养人之间可以就履行赡养义务签订协议。赡养协议的内容不得违反法律的规定和老年人的意愿。

基层群众性自治组织、老年人组织或者赡养人所在单位监督协议的履行。

10. 赡养协议一般包括哪些内容？

案 情

老邓与妻子万某今年都已经七十岁了。随着年纪渐长，两人逐渐感觉精力不济，日常生活需要有人照顾。两人育有两个儿子，大儿子邓一工作稳定清闲，住得离老邓老两口也比较近；二儿子邓二工作繁忙，经常出差，但是收入非常可观。为了防止日后产生纠纷，邓一与邓二商量，平时主要由邓一照顾老邓夫妻的生活起居，由邓二主要提供赡养费。两人将这个想法告知老邓后，老邓也表示同意。于是，邓一和邓二决定签订一份赡养协议。但到了起笔的时候，二人却犯起了难：这赡养协议究竟该怎么写呢？一般包括哪些内容呢？

解 析

根据我国《老年人权益保障法》第二十条第一款的规定，经老年人同意后，子女之间是可以就履行赡养义务的事宜签订赡养协议的。同时，法律对赡养协议的内容作出了硬性规定，即不得违反法律规定和老年人的意愿。也就是说，只要不违反法律的硬性规定，赡养协议的具体条款可以由赡养人之间自行商量决定。

一般来说，赡养协议应当载明赡养人与被赡养人的姓名与关系，并将赡养人之间的赡养义务如何分担尽可能清楚地写出来，包括赡养费的给付时间、其他帮助的具体实现方式等。同时，赡养人之间还应当约定如何保护被赡养人的财产，发生纠纷时该如何解决，违约责任该如何承担，以及协议变更应符合的条件等。如果协议中约定了履行协议的监督人，该监督人也应当在协议上签字。

上面案例中的邓一与邓二在书写赡养协议时，即可参考这些注意事项，同时应特别注意不要违反法律的规定，如通过放弃继承权来逃避赡养义务，或通过赡养协议处分老年人的财产等行为都是违法的。

法 条

《中华人民共和国老年人权益保障法》

第二十条第一款 经老年人同意，赡养人之间可以就履行赡养义务签订协议。赡养协议的内容不得违反法律的规定和老年人的意愿。

11. 子女不履行赡养协议的，老人该怎么办？

案 情

老何育有一子一女。半年前，老何因腰椎问题前往医院就诊，被医生告知其以后的人生只能在轮椅上度过了。儿子何甲得知后，便与妹妹何乙商量，由两人轮流照顾行动不便的父亲。何乙听后，爽快地答应了，二人便签订了赡养协议。协议签订后，何甲便按照协议约定履行赡养义务，对待老何耐心细致，将老何的生活打理得井井有条。轮到何乙来照顾老何的时候，她却百般推脱，何甲只能继续顶上。何甲工作繁忙，还要照顾老何，每天睡不好觉，不久就病倒了。老何看着病倒的儿子十分心疼，他想知道，女儿不履行赡养协议时，他该怎么办呢？

解 析

我国《老年人权益保障法》第二十条第二款规定，基层群众性自治组织、老年人组织或者赡养人所在单位监督协议的履行。也就是说，赡养协议签订后，是具有法律上的约束力的，监督人可以对赡养协议的履行进行监督，以防止签订协议后赡养人依旧不履行赡养义务的情况。上面案例中的老何可以向其住所地的居委会等组织申请，以督促何乙依照约定履行赡养协议。

如果何乙在监督下依然坚持不履行赡养协议，老何可以根据《老年人权益保障法》第七十五条第一款的规定，申请人民调解委员会或者其他有关组织进行调解，也可以直接向人民法院提起诉讼。

乌鸦反哺，羊羔跪乳，报答父母的养育之恩不仅是我国五千年悠久道德文化的要求，更是我国法律的明文规定。何乙应当积极履行自己的赡养义务，不能让抚养自己长大的父亲寒心，父女之间也不应沦落到对簿公堂的局面。

法 条

《中华人民共和国老年人权益保障法》

第二十条第二款 基层群众性自治组织、老年人组织或者赡养人所在单位监督协议的履行。

第七十五条第一款 老年人与家庭成员因赡养、扶养或者住房、财产等发生纠纷，可以申请人民调解委员会或者其他有关组织进行调解，也可以直接向人民法院提起诉讼。

12. 儿子让父母给自己当“苦力”，违法了吗?

案 情

老戴今年六十八岁，几年前老伴去世后，他便和儿子小戴、儿媳小蒋一起居住。年前，小戴新买了一套房子，最近交了房，正准备装修。小戴跑遍全市的装修公司，咨询了现在装修的价格。高昂的价格让小戴望而却步。他回家将这件事告诉小蒋，小蒋眼珠一转，对小戴说：“装修公司雇不起，咱们可以自己装修啊。咱俩工作忙，反正爸平时在家里闲着也没事，正好让他活动活动。”小戴听后，觉得很有道理，老戴生怕儿媳对自己有意见，也只能答应下来。为了省钱，小戴只请了一个工人来帮助老戴，有什么苦活累活都得老戴亲自上。老戴上了年纪腿脚不好，没过几天，就闪了腰进了医院。请问，小戴让老戴充当“苦力”的行为是合法的吗？

解　析

子女让上了年纪的父母从事繁重的体力活动，这一行为当然不符合法律的要求。根据我国《老年人权益保障法》第十九条第三款的规定，赡养人不得要求老年人承担力不能及的劳动。从这条规定可以看出，并不是所有的劳动老年人都不能从事，而是所从事劳动的强度应当与老年人的身体状况相适应，不至于对老年人的身体健康产生危害。

在上面的案例中，小戴为了省钱要求老戴帮忙装修。众所周知，即使对于年轻人来说，装修也不是能够轻松完成的，需要耗费大量的精力以及体力。面对如此繁重的劳动，小戴却只请了一个工人来帮助老戴。再加上老戴腿脚不便，这样的劳动强度明显超过了老戴能够承受的限度。小戴作为儿子，不仅不对年老力衰的父亲多加照顾，反而将老戴当成苦力一样肆意使唤，这显然已经突破了道德和法律的底线。面对这种情况，老戴可以和儿子多多沟通，实在解决不了时，也可以请求人民调解委员会等组织进行调解。

法　条

《中华人民共和国老年人权益保障法》

第十九条第三款　赡养人不得要求老年人承担力不能及的劳动。

13. 经济困难的老人生病住院，儿女们应该支付医疗费吗?

案 情

老方年轻时不务正业，一直没个正经工作，年过三十才好不容易娶了同村的许翠当老婆。结婚后，老方的脾气愈加暴躁，一有什么不顺心就殴打许翠出气。许翠为了一双儿女，忍下了老方的虐待。但由于常年心情抑郁，忍气吞声，许翠郁结难解、积劳成疾，才过四十岁就撒手人寰。许翠去世后，老方又染上了酗酒的恶习，两个孩子难以忍受，纷纷离开他，前往城市工作，只是每个月向老方给付生活费。每次生活费一到手，老方的第一件事就是买酒喝。在一次酩酊大醉后，老方晕倒在家中，邻居发现后连忙将老方送到医院。经过抢救，老方脱离了生命危险，但是他支付不起高昂的医疗费，便给儿子女儿打电话，要求他们拿钱来。请问，子女们有义务为老方支付医疗费吗?

解 析

子女们有义务为老方支付医疗费。我国《老年人权益保障法》第十五条第一款规定，赡养人应当使患病的老年人及时得到治疗和护理；对经济困难的老年人，应当提供医疗费用。上述规定说明，子女对老年人的赡养义务并不只是给付赡养费这么简单，更包含老年人生活的方方面面，保障老年人及时得到医疗救助当然也是子女们应尽的义务。

在上面的案例中，老方一贫如洗，住院后无法支付高昂的医疗费用。儿子和女儿虽然平时定期向他给付生活费，但并不意味着老方生病时子女就可以不管不顾。营造和谐的家庭氛围，需要每一个家庭成员共同努力，需要父母子女之间相互付出、互敬互爱。老方与儿女之间的紧张关系与他自己的所作所为脱不了干系，但他们之间毕竟还有血缘亲情，子女们也不应当对老方的困境袖手旁观。因此，老方要求子女支付医疗费是合情合理合法的。

法 条

《中华人民共和国老年人权益保障法》

第十五条第一款 赡养人应当使患病的老年人及时得到治疗和护理；对经济困难的老年人，应当提供医疗费用。

14. 老人住院后，儿子不为老人请护工也不陪护的，违法了吗？

案 情

老葛和妻子小云四十岁时才生下了儿子小葛，老葛对这个来之不易的儿子十分疼爱，就算他想要天上的月亮，也恨不得给他摘下来。由于这样的溺爱，小葛从小性格就比较任性，高中还没念完，他就觉得读书没有用，辍学去打工了。可是小葛没有学历，也没有一技之长，根本找不到什么好工作，只能领着微薄的薪水紧巴巴地过日子。老葛退休后，因为心疼儿子，便将自己与妻子每个月的退休金都交给小葛，让他贴补家用。一天，老葛下楼遛弯时，由于没看到台阶，摔断了腿，只能住进医院。小云身体不好，没办法照顾老葛，老葛便给小葛打电话，让儿子来照顾他，实在不行请个护工也可以。小葛心想：照顾病人起早贪黑的，太辛苦了，请护工又那么费钱，反正只是摔断腿而已，很快就会好了。请问，小葛这样的想法正确吗？

解　析

本案中小葛的想法不仅不正确，而且违反了法律的规定。我国《老年人权益保障法》第十五条第二款规定，对生活不能自理的老年人，赡养人应当承担照料责任；不能亲自照料的，可以按照老年人的意愿委托他人或者养老机构等照料。也就是说，在老人生病住院，生活无法自理的时候，子女照顾老人是应尽的法定义务，为了省钱而对老人不管不顾的行为是违反法律的。

在上面的案例中，小葛既不愿意自己照顾父亲，也不肯花钱替父亲找护工，对躺在病床上的父亲态度冷漠、不闻不问，这是有违道德和法律的。家庭成员之间应当互谅互让、互帮互助，老年人因伤住院，身体和心理都很脆弱，正是需要儿女呵护照料的时候。儿女不应因为自己一时的私欲而置老人于不顾。这样的行为不仅会破坏父子之间的感情，伤害父亲的心，还会触犯法律。

法　条

《中华人民共和国老年人权益保障法》

第十五条第二款　对生活不能自理的老年人，赡养人应当承担照料责任；不能亲自照料的，可以按照老年人的意愿委托他人或者养老机构等照料。

15. 在什么情况下，孙子女对祖父母有赡养义务？

案情

老谢的儿子谢武是一名建筑工人，在一次施工中，谢武不慎从楼顶摔下，虽然保住了生命，但是伤到了脊椎，瘫痪在床，失去了劳动能力。谢武出事后不久，妻子便提出了离婚，留下两人的儿子小毛并独自离开了。儿媳离开后，照顾谢武和小毛的重担就落在了老谢老两口身上。十年后，小毛大学毕业，独自前往上海工作。老谢上了年纪，不仅无法再照顾谢武，自己也因为脑梗需要人照护。老谢看着每天忙得焦头烂额的老伴，想要请个保姆来分担一些她的辛苦。可是这么多年家里的积蓄都用来给谢武看病了，拿不出更多钱请保姆。那么，在这种情况下，老谢可以请求小毛承担赡养义务吗？

解析

本案中涉及的，主要是孙子女对祖父母在何种情况下有赡养义务的问题。我国《民法典》第一千零七十四条第二款对这个问题作出了相关规定，有负担能力的孙子女，对于子女无力赡养的祖父母有赡养的义务。换言之，我国《民法典》的赡养义务原则上还是应当由子女承担的，但当子女有法律规定的特殊情形时，即可由孙子女来代替子女承担对祖父母的赡养义务。这一规定，也是为了防止在老年人失去子女或子女无力赡养时，发生老年人无人赡养的情况。

在上面的案例中，谢武瘫痪在床，不仅没有劳动能力，也没有生活来源，他是没有赡养老谢老两口的能力的。在这种情况下，依据法律规定，小毛就应当代替父亲，弥补该赡养位置的空缺，担负起赡养老谢老两口的责任。况且，小毛能够健康成长，老谢老两口也有不小的功劳，从道德层面和情感需求考虑，小毛也应当对老谢的养老问题负起责任。如果小毛无法亲自照顾老谢的话，可以通过帮老谢请护工、向老谢给付赡养费等方式，尽到赡养义务。

法 条

《中华人民共和国民法典》

第一千零七十四条第二款 有负担能力的孙子女、外孙子女，对于子女已经死亡或者子女无力赡养的祖父母、外祖父母，有赡养的义务。

16. 妹妹对年迈的孤寡姐姐有扶养义务吗？

案 情

于红刚刚大学毕业的时候，父母就在一次地震中双双丧生，只留下刚满五岁的小女儿于雪。于红对于雪这个唯一幸存下来的血缘至亲十分珍惜，为了能让妹妹在更优渥的环境中成长，于红努力工作，一直没有结婚，也没有自己的孩子。在于红的精心呵护下，于雪健康快乐地长大，并成为了市人民医院的主任医师。由于年轻时用眼过度，于红有着很严重的近视，随着年纪渐长，近视慢慢发展为青光眼，最终导致于红失明。于红失明后，无法独自生活起居，但她又没有别的亲人，能信任的只有唯一的妹妹于雪。于红想知道，在这种情况下，她可以请求妹妹扶养自己吗?

解　析

本案中的于红可以请求于雪扶养自己。我国《民法典》第一千零七十五条第二款规定，由兄、姐抚养长大的有负担能力的弟、妹，对于缺乏劳动能力又缺乏生活来源的兄、姐，有扶养的义务。从这条规定可以看出，并不是所有的弟、妹都对兄、姐负有扶养义务，法律对于弟、妹对兄、姐的扶养义务附加了三个条件：一是弟、妹由兄、姐抚养长大；二是弟、妹具有负担能力；三是兄、姐缺乏劳动能力和生活来源。

在上面的案例中，首先，于雪年幼时便失去了双亲，是于红将她抚养长大的，这符合法律的第一个条件。其次，于雪是市人民医院的主任医师，有稳定的工作和收入，具有负担能力，符合第二个条件。最后，于红双目失明，无法工作，需要人照顾，符合第三个条件。由此可知，于红请求于雪扶养自己是完全符合法律规定的。从道德伦理上来讲，于红一生未婚未育，牺牲自己将于雪抚养长大，姐妹两个是世界上最亲近的人。那么，当于红年老生病后，于雪对于红进行扶养也是情理之中的事。

法　条

《中华人民共和国民法典》

第一千零七十五条第二款　由兄、姐扶养长大的有负担能力的弟、妹，对于缺乏劳动能力又缺乏生活来源的兄、姐，有扶养的义务。

17. 儿女们协商确定老人的监护人时，需要考虑老人的意愿吗？

案　情

段洁今年七十二岁。大概半年前，她发现自己的记忆力明显减退，干什么都集中不了注意力，甚至有时连出门买菜，回家时都会迷路。日复一日，段洁的症状越来越严重，大女儿发现后，连忙带段洁到医院看病。经过医生的诊断，认定段洁得了阿尔茨海默病，也就是俗称的老年痴呆。生病的段洁失去了认知能力，需要有监护人对她进行监护。段洁的丈夫几年前就已经去世，有监护资格的就只有段洁的三个儿女。那么，儿女们在确定由谁来担任段洁的监护人时，需要考虑她的意愿吗？

解　析

要解决上面案例中涉及的问题，可以先了解我国法律关于老年人监护人问题的相关规定。根据《老年人权益保障法》第二十六条的规定，老年人在具备完全民事行为能力时，可以根据自己的意愿，与近亲属或其他与自己关系密切、愿意担任监护人的个人、组织进行协商，自行确定自己的监护人；老年人未事先确定监护人的，其丧失民事行为能力时，依照有关法律的规定确定监护人。也就是说，在老年人丧失民事行为能力后，要确定该老年人的监护人，只需要依据法律确定监护人的相关规定即可，无须再考虑老年人的意见。

在上面的案例中，段洁已经患有老年痴呆，丧失了辨认和控制自己行为的能力。由于在健康时，段洁并没有提前确定自己的监护人，那么她的监护人便可以由儿女们自行协商确定，段洁的意愿不作为确定监护人的必要参考。但是，出于对段洁的尊重，儿女们也可以在段洁清醒时询问她的意见，以作为协商时的参考要素。

法　条

《中华人民共和国老年人权益保障法》

第二十六条　具备完全民事行为能力的老年人，可以在近亲属或者其他与自己关系密切、愿意承担监护责任的个人、组织中协商确定自己的监护人。监护人在老年人丧失或者部分丧失民事行为能力时，依法承担监护责任。

老年人未事先确定监护人的，其丧失或者部分丧失民事行为能力时，依照有关法律的规定确定监护人。

《中华人民共和国民法典》

第二十八条　无民事行为能力或者限制民事行为能力的成年人，由下列有监护能力的人按顺序担任监护人：

（一）配偶；

（二）父母、子女；

（三）其他近亲属；

（四）其他愿意担任监护人的个人或者组织，但是须经被监护人住所地的居民委员会、村民委员会或者民政部门同意。

第三章

房屋住宅

1. 儿子结婚后，让老母亲回破旧老宅居住，违法了吗？

案　情

吴兰婚后第三年，丈夫就在一次工地事故中不幸去世了。担心再婚后的丈夫对儿子不好，吴兰坚持一个人将儿子鲁平抚养长大。她个性要强，又勤劳肯吃苦，带着儿子从农村来到城市，起早贪黑，从小工做起，恨不得一个人当成两个人用。经过吴兰的努力，不仅供鲁平一路念完了研究生，还帮他攒出了婚房的首付。鲁平结婚那天，吴兰又感动又欣慰，觉得自己这一辈子的苦终于熬到了头，可以享享清福了。谁知，婚后不久，鲁平就借口妻子想过二人世界，以两人的婚姻为威胁，让吴兰搬回农村居住。为了儿子夫妻和睦，吴兰只能含泪答应。面对农村年久失修的老宅，吴兰悲从中来，她想不明白，儿子这样做真的对吗？

解　析

根据我国《老年人权益保障法》第十六条第一款的规定，赡养人应当妥善安排老年人的住房，不得强迫老年人居住或者迁居条件低劣的房屋。在上面的案例中，鲁平让吴兰搬到农村年久失修的老房子中居住的行为既不合情理也不合法，应当被谴责。为了维护自己的正当权利，吴兰可以按照《老年人权益保障法》第七十五条第一款的规定，申请人民调解委员会或者其他有关组织进行调解，也可以直接向人民法院提起诉讼。

家庭成员之间应当敬老爱幼、互相帮助，共同维护平等、和睦、文明的家庭关系。吴兰独自一人将鲁平抚养长大，两人之间本该有深厚的母子亲情，但鲁平却忘记了母亲的养育之恩，做出这样不仅违背道德，而且违背法律的事情。每个人都会变老，善待老人不仅仅是为了回报亲情，也是为了在自己变老的那一天能得到更好的照料。

法　条

《中华人民共和国老年人权益保障法》

第十六条　赡养人应当妥善安排老年人的住房，不得强迫老年人居住或者迁居条件低劣的房屋。

老年人自有的或者承租的住房，子女或者其他亲属不得侵占，不得擅自改变产权关系或者租赁关系。

老年人自有的住房，赡养人有维修的义务。

第七十五条　老年人与家庭成员因赡养、扶养或者住房、财产等发生纠纷，可以申请人民调解委员会或者其他有关组织进行调解，也可以直接向人民法院提起诉讼。

人民调解委员会或者其他有关组织调解前款纠纷时，应当通过说服、疏导等方式化解矛盾和纠纷；对有过错的家庭成员，应当给予批评教育。

人民法院对老年人追索赡养费或者扶养费的申请，可以依法裁定先予执行。

2. 父母在儿子结婚前为其全款购买的房屋，是儿子的个人财产吗?

案 情

邱某和安某是夫妻，共同经营了一家小商铺，虽然是小本买卖，但好在生意红火，这些年也攒下了不少积蓄。两人的儿子小邱也顺利地大学毕业，并找到了一份不错的工作，工作后不久，就将女朋友小王带回了家。老两口对这个未来儿媳很满意，与两个年轻人商量后，便定下了两人的婚期。儿子终于要成家了，邱某和安某商量后，决定拿出二人的积蓄，在市里为儿子全款买一套婚房，并在房产证上写上了小邱一人的名字。小邱结婚几年后，与小王一直没有孩子，再加上工作调动时常出差，与小王聚少离多，感情逐渐疏远，最终决定离婚。离婚时，小王主张分割婚房。那么，小王分割婚房的主张能否得到法律支持?

解 析

在本案例中，小王分割婚房的主张能否得到法律支持，关键在于婚房是否为小邱与小王的夫妻共同财产。小邱的婚房由邱某夫妻全款购买，并且在房产证上登记了小邱一人的名字，房产证作为公民不动产权的权属证明，表明该房产仅为小邱一人所有。

根据我国《民法典》第一千零六十三条，以及《最高人民法院关于适用〈中华人民共和国民法典〉婚姻家庭编的解释(一)》第二十九条第一款的规定，父母在子女结婚前为双方购置房屋出资的，除明确表示赠与双方的外，应当认定为对自己子女个人的赠与。也就是说，邱某夫妻购买的房屋仅仅是对小邱一人的赠与，应认定为小邱的个人财产，是不能成为小邱和小王的夫妻共同财产的，小王分割婚房的请求在法律上无法得到支持。

法 条

《中华人民共和国民法典》

第一千零六十三条 下列财产为夫妻一方的个人财产：

（一）一方的婚前财产；

（二）一方因受到人身损害获得的赔偿或者补偿；

（三）遗嘱或者赠与合同中确定只归一方的财产；

（四）一方专用的生活用品；

（五）其他应当归一方的财产。

《最高人民法院关于适用〈中华人民共和国民法典〉婚姻家庭编的解释（一）》

第二十九条第一款 当事人结婚前，父母为双方购置房屋出资的，该出资应当认定为对自己子女个人的赠与，但父母明确表示赠与双方的除外。

3. 父母在儿子结婚前，为儿子付首付购房，婚后由小两口共同还贷的，该房屋是谁的财产？

案 情

老崔的独生子小崔已经三十岁了，一直没有结婚的打算，也没个像样的工作。经过熟人介绍，小崔认识了小周。小周年轻漂亮，大学毕业，又是公务员，小崔对她一见钟情，连忙找了一份稳定的工作，并向小周求婚。小周见小崔仪表堂堂，又有上进心，便同意了。老崔大喜过望，立刻替小崔支付首付，为两人买了婚房，由小崔和小周婚后共同偿还房贷。新婚时，小两口的日子过得蜜里调油，谁知好景不长，一段时间后，小崔原形毕露，逐渐变得懒惰，班也不上了，成天出去找人喝酒。小周苦不堪言，便提出离婚，并在离婚协议书中将婚房作为夫妻共同财产进行分割。那么，由父母付首付的房产，能够成为夫妻共同财产吗？

解　析

《最高人民法院关于适用〈中华人民共和国民法典〉婚姻家庭编的解释（一）》第七十八条对本案例中涉及的情况作出了相关规定。夫妻一方婚前签订不动产买卖合同，以个人财产支付首付款并在银行贷款，婚后由夫妻共同财产还贷，不动产登记于首付款支付方名下的，离婚时该不动产由双方协议处理。

老崔在小崔婚前替小崔支付了首付，可以视为这是对小崔一人的赠与，婚后，小崔与小周共同偿还房贷，房产的归属应当由两人协议处理。如果二人无法达成协议，可以由法院判决该房屋归小崔所有，尚未归还的房贷由小崔一人归还。同时，小崔与小周共同偿还的房贷款项，应当按照《民法典》第一千零八十七条的规定，由小崔对小周进行补偿。

法　条

《中华人民共和国民法典》

第一千零八十七条第一款　离婚时，夫妻的共同财产由双方协议处理；协议不成的，由人民法院根据财产的具体情况，按照照顾子女、女方和无过错方权益的原则判决。

《最高人民法院关于适用〈中华人民共和国民法典〉婚姻家庭编的解释（一）》

第七十八条 夫妻一方婚前签订不动产买卖合同，以个人财产支付首付款并在银行贷款，婚后用夫妻共同财产还贷，不动产登记于首付款支付方名下的，离婚时该不动产由双方协议处理。

依前款规定不能达成协议的，人民法院可以判决该不动产归登记一方，尚未归还的贷款为不动产登记一方的个人债务。双方婚后共同还贷支付的款项及其相对应财产增值部分，离婚时应根据民法典第一千零八十七条第一款规定的原则，由不动产登记一方对另一方进行补偿。

4. 父母在儿子婚后为其全款购买的房屋，属于小两口的共同财产吗？

案情

老刘与妻子辛苦了半辈子，终于攒下了一笔积蓄，两人商量，将这笔钱存着，以后用来治病，这样就不拖累儿女养老了。老刘的儿子小刘结婚一年多后，突然告诉老刘他要与妻子离婚，老刘问他原因他也不说。老刘想到，在儿子结婚前，儿媳妇小张就因为没有婚房与小刘闹过一次矛盾，会不会这次闹离婚还是因为房子的事情呢？老刘连忙告诉妻子这件事，两人共同决定，要通过给儿子买房来挽回儿子的婚姻。事不宜迟，两人立刻全款为小刘购买了一套房产。但是，这套房子依然没能挽回儿媳妇的心。那么，小刘与小张离婚时，这套房产是两人的夫妻共同财产吗？

解 析

在上面的案例中，判定该房产是否属于夫妻共同财产的关键，是要看老刘在为小刘买房时是否明确表示该房产是对小刘的单独赠与。根据《最高人民法院关于适用〈中华人民共和国民法典〉婚姻家庭编的解释（一）》第二十九条的规定，儿女结婚后，父母为双方购置房屋出资的，依照约定处理；没有约定或约定不明的，按照民法典第一千零六十二条第一款第四项规定的原则处理。

《民法典》第一千零六十二条第一款第四项规定，夫妻在婚姻存续期间继承或者受赠的财产，为夫妻的共同财产。老刘在购买房屋时，目的是挽回小刘的婚姻，明显房产是同时赠送给小刘和小张两个人的。按照法律的规定，该房产当然属于小刘和小张的夫妻共同财产，即使小张在购买房屋时没有出资，依然有权在离婚时主张对该房产进行分割。

法 条

《中华人民共和国民法典》

第一千零六十二条 夫妻在婚姻关系存续期间所得的下列财产，为夫妻的共同财产，归夫妻共同所有：

（一）工资、奖金、劳务报酬；

（二）生产、经营、投资的收益；

（三）知识产权的收益；

（四）继承或者受赠的财产，但是本法第一千零六十三条第三项规定的除外；

（五）其他应当归共同所有的财产。

夫妻对共同财产，有平等的处理权。

《最高人民法院关于适用〈中华人民共和国民法典〉婚姻家庭编的解释（一）》

第二十九条 当事人结婚前，父母为双方购置房屋出资的，该出资应当认定为对自己子女个人的赠与，但父母明确表示赠与双方的除外。

当事人结婚后，父母为双方购置房屋出资的，依照约定处理；没有约定或者约定不明确的，按照民法典第一千零六十二条第一款第四项规定的原则处理。

5. 对于老人自己的房屋，子女们可以强制其过户吗？

案情

纪芬今年六十八岁，家里的老宅拆迁，政府补偿了两套房子。房产证到手后，原本和谐的家庭立刻变得不太平了。除了纪芬自己居住的一套房子，两个儿子铆足了劲想要争夺另一套房子的所有权。其实，出于私心，纪芬想将这套房子留给小女儿。两个儿子结婚时，纪芬已经分别为他们买了婚房，只有小女儿连嫁妆都没有多少。大儿子李猛听说了纪芬的想法，立刻不干了，坚决不肯把房子让给妹妹，每天给纪芬打电话，向她灌输“嫁出去的女儿泼出去的水”的想法。二儿媳妇也每天到纪芬家来哭哭啼啼，为的就是让纪芬将房子过户给他们。被他们这么一折腾，纪芬血压都升高了，她不理解，自己的房子想要给谁就不能自己决定吗？

解　析

我国《老年人权益保障法》第十六条第二款规定，老年人自有的住房，子女不得侵占，不得擅自改变产权关系或者租赁关系。第二十二条第一款规定，老年人对个人的财产，依法享有处分的权利，子女不得干涉，不得以强行索取等方式侵犯老年人的财产权益。

在上面的案例中，拆迁补偿的房屋属于纪芬的个人财产，作为所有权人，她拥有进行处分的自由和权利，任何人不得干涉。大儿子与二儿子作为哥哥，应当体谅妹妹的困难；作为儿子，应当尊重母亲的决定。但是，他们为了自己的利益，试图对纪芬进行“道德绑架”，这不仅会使家庭中和睦友好的关系遭到破坏，同时也是违反法律的错误行为。

法　条

《中华人民共和国老年人权益保障法》

第十六条　赡养人应当妥善安排老年人的住房，不得强迫老年人居住或者迁居条件低劣的房屋。

老年人自有的或者承租的住房，子女或者其他亲属不得侵占，不得擅自改变产权关系或者租赁关系。

老年人自有的住房，赡养人有维修的义务。

第二十二条第一款　老年人对个人的财产，依法享有占有、使用、收益和处分的权利，子女或者其他亲属不得干涉，不得以窃取、骗取、强行索取等方式侵犯老年人的财产权益。

6. 儿女有义务为老人修缮房屋吗?

案 情

姚某今年已经七十多岁了，一直在农村生活。他靠种地将两个儿子送出了山村，儿子们不仅全都大学毕业，还在城市中安了家。两个儿子结婚后，好几年才会回来看望一下姚某，平时除定期向姚某的账户中汇入赡养费外，与姚某没什么交流。虽然很心酸，但姚某能理解儿子们工作忙。最近，家里的老房子年久失修，房顶有些漏雨，潮湿得晚上睡不好觉。姚某多次与两个儿子联系，让他们找人把房子翻新一下，儿子们却一直互相推诿，谁也不肯应下这件事。烦恼的姚某不知该如何是好，他让儿子帮忙修缮房屋的请求就这么不合情理吗?

解 析

姚某要求儿子修缮房屋的请求不仅合理而且合法。在我国《老年人权益保障法》第十四条和第十六条规定，赡养人应当履行对老年人经济上供养、生活上照料和精神上慰藉的义务，照顾老年人的特殊需要。老年人自有的住房，赡养人有维修的义务。

在本案中，姚某居住的房屋年久失修，开始漏雨，已经严重影响到姚某的生活质量，作为子女不能不闻不问，更不能在姚某已经提出修缮房屋的请求时充耳不闻、互相推脱。在父母年老后进行赡养、在年老父母有困难时积极帮助，这不仅是道德对子女的要求，更是法律给予子女的义务，是必须要遵守的。

法　条

《中华人民共和国老年人权益保障法》

第十四条　赡养人应当履行对老年人经济上供养、生活上照料和精神上慰藉的义务，照顾老年人的特殊需要。

赡养人是指老年人的子女以及其他依法负有赡养义务的人。

赡养人的配偶应当协助赡养人履行赡养义务。

第十六条　赡养人应当妥善安排老年人的住房，不得强迫老年人居住或者迁居条件低劣的房屋。

老年人自有的或者承租的住房，子女或者其他亲属不得侵占，不得擅自改变产权关系或者租赁关系。

老年人自有的住房，赡养人有维修的义务。

7. 仅签订居住权合同的，居住权能否设立？

案　情

为了更好地照顾年迈的父亲，雷某花钱雇了一位保姆常某，让她照顾父亲的生活起居。父亲常年瘫痪在床，连最简单的吃饭上厕所都不能自己完成，需要人手把手地帮忙。即使工作辛苦，但常某毫无怨言，任劳任怨，不仅将雷某父亲照顾得无微不至，还将家里打理得井井有条。见常某对父亲如此用心，雷某十分感动。经过询问，雷某得知常某是从农村来大城市务工的，由于收入微薄，平时就睡在家政公司里。为了帮助常某，也为了感谢她对父亲的照顾，雷某与常某签订了一份居住权合同，约定父亲过世后，到常某找到固定住所前，可以无偿在此居住。那么，雷某与常某约定的居住权，能否在合同签订后即发生效力呢？

解　析

居住权是指权利人按照合同约定或有效遗嘱，对他人的住宅进行占有、使用，以满足生活居住的需要的权利。根据我国《民法典》第三百六十七条第一款的规定，设立居住权，当事人应当采用书面形式订立居住权合同。在上面的案例中，雷某为常某设立了居住权并且签订了居住权合同，是符合法律规定的。

但是，《民法典》第三百六十八条同时规定，设立居住权的，应当向登记机构申请居住权登记。居住权自登记时设立。也就是说，居住权合同只是当事人之间达成合意的证明，要想让居住权得到法律上的承认，必须到登记机构进行登记。雷某与常某签订居住权合同后，也应当进行居住权登记，这不仅是为了更好地守法，也是为了在今后产生纠纷时，常某能够通过法律武器更好地保护自己。

法　条

《中华人民共和国民法典》

第三百六十六条　居住权人有权按照合同约定，对他人的住宅享有占有、使用的用益物权，以满足生活居住的需要。

第三百六十七条第一款　设立居住权，当事人应当采用书面形式订立居住权合同。

第三百六十八条　居住权无偿设立，但是当事人另有约定的除外。设立居住权的，应当向登记机构申请居住权登记。居住权自登记时设立。

8. 房屋设立居住权后，居住权能继承吗?

案　情

老许虽然事业成功，但是一生未婚，膝下也没有子女，只有一个好朋友老吴时常陪他说话。老吴的儿子小吴与人合伙做生意，要拉老吴一起入伙，老吴欣然同意。没想到小吴被人欺骗，不仅投入的资金全部打了水漂，还欠下了许多外债。无奈之下，老吴只能卖掉自己居住的房子来为小吴偿还欠款。老许听说此事后，不忍心看着多年老友无家可归，便与老吴签订了一份居住权合同，约定老吴对老许在本市郊区的一套房屋享有二十年的居住权。老吴搬入老许的房屋生活了两年，突然得知自己患有绝症。去世前，老吴将自己未到期的居住权通过遗嘱留给了儿子小吴。那么，小吴可以依据遗嘱对老许的房屋享有居住权吗?

解　析

要解决上面案例中的问题，首先要清楚居住权是否可以继承。我国《民法典》第三百六十九条规定，居住权不得转让、继承。这里的继承，包括法定继承、遗嘱继承和遗赠，无论是通过哪一种方式，居住权人都不能将自己的居住权留给下一代。在本案中，老吴误认为居住权未到期便可以继承，这一想法在法律上没有依据，并不能得到法律支持。

居住权作为《民法典》的新尝试，富有浓郁的人性化气息。这一规定的出台，主要是出于对弱势群体住房难的考量。

老吴关心儿子的心情可以理解，要解决这一问题，让小吴的居住权得到法律上的承认，老吴可以和老许商量，在自己去世后由老许继续将居住权赋予小吴，让老许和小吴重新签订居住权合同并进行登记，以解决小吴没有住所的问题。这样做不仅能解决老吴与小吴的困难，而且不违背居住权设立的初衷。

法　条

《中华人民共和国民法典》

第三百六十九条　居住权不得转让、继承。设立居住权的住宅不得出租，但是当事人另有约定的除外。

9. 居住权有期限限制吗？

案　情

老贾的妻子英年早逝，这些年来，老贾独自一人将小贾抚养长大，小贾也终于成家立业了。小贾结婚后就搬了出去，只留下老贾一人居住，久而久之，老贾难免感到有些孤独。通过朋友介绍，老贾参加了老年人相亲活动，认识了小他几岁的小周。两人十分聊得来，没过多久便谈起了恋爱。可惜好景不长，正在老贾与小周商量着要结婚时，老贾突然被查出癌症晚期。小周得知后，不但没有离开老贾，还尽心尽力地照顾他，让老贾十分感动。为了感谢小周，老贾通过遗嘱在自己的房屋上为小周设立了居住权。老贾过世后，由小贾陪同小周进行了登记。十年后，由于孩子上学，小贾决定搬到老贾生前留下的房屋中居住，并以他可以任意撤销居住权为由让小周搬走。那么，小贾要求小周搬走的行为合理吗？

解 析

根据我国《民法典》的规定，居住权的设立方式主要有两种：第一，通过合同设立；第二，通过遗嘱设立。在上面的案例中，老贾通过遗嘱在自有房屋上为小周设立了居住权，并由继承人小贾进行了登记，小周对老贾生前留下的房屋享有的居住权是合法有效的。

《民法典》第三百六十七条规定，通过居住权合同设立居住权的，一般应在合同中约定居住权的期限。本案例中，老贾通过遗嘱为小周设立居住权，并未注明居住权期限，可以适用《民法典》第三百七十条的规定，居住权人死亡的，居住权消灭。也就是说，小周的居住权一直到小周去世前都是有效的。小贾认为没有约定居住权期限便可以随时撤销居住权的观点是错误的，其要求小周搬出房屋的行为也是不合理的。

法 条

《中华人民共和国民法典》

第三百六十七条 设立居住权，当事人应当采用书面形式订立居住权合同。

居住权合同一般包括下列条款：

……

（四）居住权期限；

……

第三百七十条 居住权期限届满或者居住权人死亡的，居住权消灭。居住权消灭的，应当及时办理注销登记。

第三百七十一条 以遗嘱方式设立居住权的，参照适用本章的有关规定。

10. 继承人继承房屋后，可以撤销其上设立的居住权吗？

案 情

老田今年七十三岁，老伴去世得早，儿子也有了自己的家庭，他一个人住在空荡荡的房子里总觉得孤单。经人介绍，老田认识了六十五岁的宁某。宁某性格和善，人也勤快，老田一见她就觉得十分满意，宁某也觉得老田人不错。经过一段时间的相处，两人决定一起携手度过晚年生活。老田的儿子知道此事后，认为父亲都一大把年纪了还要结婚，实在是太丢人了，便对老田和宁某领取结婚证一事百般阻挠。老田被儿子气得住进了医院，宁某虽然受到老田儿子的冷眼，却毫不记恨，依旧细心周到地为老田调理身体。老田预感到自己时日无多，便留下遗嘱，表示自己过世后，宁某依然可以居住在自己的房子里，并陪同宁某进行了登记。老田去世后，宁某按照遗嘱继续在老田的房子中居住。这时，老田的儿子却找上门来，声称老田的房子已经是他的房产，老田的遗嘱不再算数，要求宁某一周内搬走。那么，老田的儿子作为房子的继承人，可以擅自撤销宁某的居住权吗？

解 析

本案例涉及的主要是居住权与继承人的所有权发生冲突时，

在法律上该如何处理的问题。根据我国《民法典》第三百七十一条的规定，居住权不只可以通过合同设立，也可以通过遗嘱设立。在本案中，老田通过遗嘱为宁某设立居住权并进行了登记，宁某的居住权是完全合法有效的。

根据《民法典》第三百七十条的规定，居住权期限届满或者居住权人死亡的，居住权消灭。在老田的遗嘱中，并没有注明宁某居住权的具体期限，也就是说，在宁某死亡前，她的居住权都是有效的。

居住权本质上是一种用益物权，《民法典》第三百二十六条规定，所有权人不得干涉用益物权人行使权利。宁某的居住权设立在房屋之上，虽然所有权从老田转移到老田儿子的手里，但是老田儿子无权干涉宁某行使自己的居住权，老田儿子要求宁某搬出房屋的要求得不到法律的支持。

法 条

《中华人民共和国民法典》

第三百二十六条 用益物权人行使权利，应当遵守法律有关保护和合理开发利用资源、保护生态环境的规定。所有权人不得干涉用益物权人行使权利。

第三百七十条 居住权期限届满或者居住权人死亡的，居住权消灭。居住权消灭的，应当及时办理注销登记。

第三百七十一条 以遗嘱方式设立居住权的，参照适用本章的有关规定。

11. 房屋所有权能否在买卖合同签订后立即取得？

案情

老丁头听朋友说，最近本市的房子将要涨价，最好现在赶紧买一套屯着，等将来涨价时再卖出去，能赚不少钱。老丁头听后很是动心，便购买了一处尚未建成的预售房屋，并与开发商签订了购房合同。合同约定房屋将于明年11月建成，自房屋交付使用之日起30日内办理房屋登记手续。签订合同后，老丁头便每日关注房价信息，发现房价果然如朋友所说开始上涨。过了半年，老丁头发现房价不再上涨，并有下降的趋势，立刻打算将房子出手。他找好买家签订了房屋买卖合同，到登记机关进行登记时，却被工作人员告知，老丁头尚未取得房屋的所有权，还不能进行房屋买卖。老丁头很纳闷，他明明已经与开发商签订了购房合同，为什么还没取得房屋所有权呢？

解析

要想解决老丁头的疑惑，我们先要清楚购房后何时能够取得房屋所有权。根据我国《民法典》第二百零九条第一款的规定，不动产物权的设立，经依法登记，发生效力。同时，第二百一十四条规定，不动产物权的设立，依照法律规定应当登记的，自记载于不动产登记簿时发生效力。也就是说，在购买房屋后，签订购房合同并不能证明购房人取得了房屋所有权，只有到登记机关进行了产权登记，才能取得房屋的所有权。

在上面的案例中，老丁头与开发商签订了预售房屋的买卖合同，约定自房屋交付使用之日起30日内办理房屋登记手续。这就表明，老丁头只有在办理完登记手续、并且登记机关将老丁头的所有权登记在不动产登记簿上之后，才能取得他所购买房屋的所有权。

法　条

《中华人民共和国民法典》

第二百零九条第一款　不动产物权的设立、变更、转让和消灭，经依法登记，发生效力；未经登记，不发生效力，但是法律另有规定的除外。

第二百一十四条　不动产物权的设立、变更、转让和消灭，依照法律规定应当登记的，自记载于不动产登记簿时发生效力。

12. 房产证迟迟不到手，何时能向开发商追究违约责任？

案　情

老严劳碌了一生，儿子小严终于顺利从大学毕业并考上了当地的公务员，拥有了一份稳定的工作。事业稳定后，小严便开始筹划与女朋友结婚的事情。但是，就在商量婚期时，女方的父母突然强硬地要求必须要有婚房才能将女儿嫁给小严。为了儿子的终身幸福，老严只能硬着头皮向亲朋好友开口借钱，再加上自己的积蓄，好不容易凑够了首付。与开发商签订购房合同后，小严终于和女朋友领了结婚证。谁知，合同签订过了半年，老严依然没拿到房产证，每次去售楼处询问，负责人只会互相推诿。小严的妻子觉得这是老严和小严合伙骗她，吵着要和小严离婚。无奈之下，老严只能将开发商告上了法庭。那么，老严能否向开发商追究违约责任呢？

解　析

要解决老严的问题，首先要清楚法律是否对房屋购买人到期不能取得不动产权属证书的情况作出了规定。根据《最高人民法院关于审理商品房买卖合同纠纷案件适用法律若干问题的解释》第十四条的规定，当商品房买卖合同的标的物为已竣工房屋的，自合同订立之日起九十日内，买受人未能取得不动产权属证书的，出卖人应当承担违约责任。也就是说，除了合同约定，法律也对开发商办理产权登记的时间作出了硬性的规定。

在本案中，老严签订房屋买卖合同半年后，一直未能拿到房产证，开发商也并未解释原因或做出积极的补救措施。在这种情况下，老严请求开发商承担违约责任的要求是完全合理合法的。开发商不仅需要尽快为老严办理产权登记，还必须按照合同约定向老严赔偿违约金。

法　条

《最高人民法院关于审理商品房买卖合同纠纷案件适用法律若干问题的解释》

第十四条　由于出卖人的原因，买受人在下列期限届满未能取得不动产权属证书的，除当事人有特殊约定外，出卖人应当承担违约责任：

（一）商品房买卖合同约定的办理不动产登记的期限；

（二）商品房买卖合同的标的物为尚未建成房屋的，自房屋交付使用之日起90日；

（三）商品房买卖合同的标的物为已竣工房屋的，自合同订立之日起90日。

合同没有约定违约金或者损失数额难以确定的，可以按照已付购房款总额，参照中国人民银行规定的金融机构计收逾期贷款利息的标准计算。

13. 房屋租赁合同可以约定三十年的租期吗？

案　情

老胡头年轻时，正好赶上九十年代的下海潮。他做了些小生意，这些年来，手里也算是小有积蓄，还在市里买了几套房。上了年纪以后，他便赋闲在家，通过收租金过活。以前的战友老牛给老胡头打电话，告诉他自己的儿子小牛要去老胡头的城市工作，问老胡头能不能将自己的一处房子租给小牛。出于以往的战友情谊，老胡头二话没说就答应了，并且豪爽地与小牛签下了三十年的租赁合同。过了几年，老胡头因病去世，房子全部由儿子小胡继承。小胡做生意亏了本，想要把房子卖出去周转资金，便找到小牛，提出三十年的房屋租赁合同无效，要求小牛搬出去。那么，小胡的要求合法吗？

解　析

此案例矛盾的焦点，主要在三十年的租赁合同是否有效的问题上。我国《民法典》第七百零五条第一款规定，租赁期限不得超过二十年。超过二十年的，超过部分无效。

由此条规定可以看出，租赁合同的最长有效期限只有二十年。那么，超过二十年的租赁合同就完全没有效力、可以任意解除了吗？答案并不是这样的。根据规定，超过二十年的租赁合同仅仅是超出部分无效，这也就表明，在上面的案例中，老胡头与小牛签下的为期三十年的租赁合同，只有超过二十年的那十年是无效的，小牛可以在老胡头的房子中居住满二十年后再搬走。虽然小胡继承了老胡头的房屋，但他无权擅自解除老胡与小牛之间的租赁合同，他要求小牛搬出去的做法是不合法的。

这个案例也告诉我们，在订立房屋租赁合同时要注意租赁期限的问题。如果想要延长租赁期限，可以在租赁期限届满后续订租赁合同，但是约定的租赁期限自续订之日起不得超过二十年。

法条

《中华人民共和国民法典》

第七百零五条 租赁期限不得超过二十年。超过二十年的，超过部分无效。

租赁期限届满，当事人可以续订租赁合同；但是，约定的租赁期限自续订之日起不得超过二十年。

14. 房东在租赁合同有效期间内卖房，租赁合同还有效吗？

案情

区某前往 A 市工作，在 A 市与房东朱大爷签订了为期两年的房屋租赁合同。入住一段时间后，区某提出想要延长合同期限至五年，朱某欣然同意。过了不到三年，朱大爷突然通知区某，因为儿子工作调动，他们一家人将于近日迁居国外，因此想要卖掉国内的房产，并向区某承诺他可以一直居住到租赁合同到期，区某没有表示异议。房屋过户后不久，新房东找上门来，要求区某尽快搬出去。区某拿出与朱大爷签订的租赁合同，新房东却表示，合同是区某与朱大爷签订的，如今房屋所有权已经变更，合同当然失去了效力。请问，房屋所有权在租赁合同有效期内变更的，租赁合同还有效吗？

解　析

在我国民法实务中，对于租赁合同有效期间内租赁物所有权变动的问题，有一个统一的处理原则——买卖不破租赁原则。所谓买卖不破租赁，是指根据我国《民法典》第七百二十五条的规定，租赁物在承租人按照租赁合同占有期限内发生所有权变动的，不影响租赁合同的效力。也就是说，在房屋租赁合同生效期间，房东将房屋转卖给他人时，房东与租户之间的租赁合同不会因房屋所有权转移而消灭，租赁合同继续有效。

在上面的案例中，区某与朱大爷签订了为期五年的房屋租赁合同，区某尚未住满三年，朱大爷便将房屋转卖他人。根据《民法典》的规定，区某的租赁合同尚未到期，仍属有效，即使更换了房东，区某也依然具有在该房屋中继续居住的权利，新房东要求区某搬出去的要求是得不到法律支持的。如果新房东因个人原因执意解除房屋租赁合同，区某可以要求新房东承担违约责任，请求其赔偿自己因租赁合同解除而产生的损失。

法　条

《中华人民共和国民法典》

第七百二十五条　租赁物在承租人按照租赁合同占有期限内发生所有权变动的，不影响租赁合同的效力。

15. 房东出卖租赁房屋，房客可以优先购买吗？

案　情

小穆由于工作调动，需要租房居住，于是通过中介与冯大爷签订了房屋租赁合同。小穆入住后，对冯大爷的房屋十分满意。这里不仅临近地铁，交通十分方便，并且靠近江边，窗外景色宜人。居住一段时间后，小穆渐渐动起了在附近购买一套住房的心思。他到房屋中介公司打听了附近的房价，觉得很合适，便在休息日四处看房，想要在此定居。偶然间，小穆听说冯大爷想要将他居住的房子卖掉，便同冯大爷打了声招呼，叮嘱他卖房时一定要优先考虑自己。没想到，冯大爷虽然口口声声答应了，却在小穆不知道的情况下，悄悄将房子卖给了另一个人。请问，冯大爷的做法正确吗？小穆提出优先购买冯大爷房屋的要求是否合理呢？

解　析

要解决上面案例中的矛盾，首先要确定小穆对于冯大爷的房屋是否具有优先购买权。根据我国《民法典》第七百二十六条第一款的规定，出租人出卖租赁房屋的，应当在出卖之前的合理期限内通知承租人，承租人享有以同等条件优先购买的权利。也就是说，房东在作出出卖租赁房屋的决定时，有通知承租人的义务，承租人有意愿购买房屋的，具有优先购买权。

在上面的案例中，小穆有意愿购买该租赁房屋，并将自己的意愿通知了房东冯大爷。那么，冯大爷决定出卖租赁房屋时，应当通知小穆，并在同等条件下让小穆优先购买。在冯大爷未通知小穆便将房屋出卖给他人的情况下，小穆有权按照《民法典》第七百二十八条的规定，请求冯大爷承担赔偿责任。但是，冯大爷与第三人签订的房屋买卖合同并不因此归于无效，该第三人仍有权获得该房屋的所有权。

法　条

《中华人民共和国民法典》

第七百二十六条　出租人出卖租赁房屋的，应当在出卖之前的合理期限内通知承租人，承租人享有以同等条件优先购买的权利；但是，房屋按份共有人行使优先购买权或者出租人将房屋出卖给近亲属的除外。

出租人履行通知义务后，承租人在十五日内未明确表示购买的，视为承租人放弃优先购买权。

第七百二十八条　出租人未通知承租人或者有其他妨害承租人行使优先购买权情形的，承租人可以请求出租人承担赔偿责任。但是，出租人与第三人订立的房屋买卖合同的效力不受影响。

16. 抵押后的房屋还可以出租吗?

案 情

张大爷是某国有企业的退休职工，在某市有两套房子，张大爷与妻子自住其中的一套，另一套原本由儿子小明居住。2020 年 12 月，小明着手成立了一家公司，一直在公司吃住。为筹集资金，小明将自己原本居住的那套房子抵押给银行进行贷款。后来，为缓解儿子的经济压力，张大爷想将抵押的房子出租，以收取租金。但是，小明告诉张大爷，抵押之后的房子就不能再出租了。对此，张大爷觉得非常可惜。那么请问，抵押后的房屋还可以出租吗?

解 析

小明的说法是错误的。在现实生活中，抵押房产的现象非常多。那么，抵押后的房产还可以出租或者出售吗?对此，我国《城市房地产抵押管理办法》第三十七条第二款和第三款规定，经抵押权人同意，抵押房地产可以转让或者出租。抵押房地产转让或者出租所得价款，应当向抵押权人提前清偿所担保的债权。超过债权数额的部分，归抵押人所有，不足部分由债务人清偿。据此可知，即使房产被抵押，在取得抵押权人的同意后，仍然可以转让或者出租，这样才能最大限度保障抵押权人和抵押人的权益。

在上面的案例中，虽然张大爷的房子已经被抵押给银行，但其如果想出租房屋，可以征求银行的同意。若银行同意张大爷出租房屋，张大爷就可以将房屋出租给他人。

法　条

《城市房地产抵押管理办法》

第三十七条第二款　经抵押权人同意，抵押房地产可以转让或者出租。

第三款　抵押房地产转让或者出租所得价款，应当向抵押权人提前清偿所担保的债权。超过债权数额的部分，归抵押人所有，不足部分由债务人清偿。

17. 业主装修房屋时损害公共部位和设施的，应该怎么办?

案　情

钟大妈退休后，便和老伴一起帮儿子带孩子。为了方便，钟大妈的儿子在自己家的小区为父母买了一套两居室。房屋交付后，钟大妈和老伴就开始装修新房子。然而，在装修的过程中，装修公司不慎损坏了与邻居公用的外墙。钟大妈看到后，要求装修公司维修，装修公司告诉钟大妈该外墙属于公共部位，没有人会在意。但是，钟大妈的儿子称不能随意损坏公共部位，而且还要求装修公司承担损害赔偿责任。那么请问，业主装修房屋时，给公共部位和设施造成损害的，应该怎么办?

解　析

业主在装修房屋时，不能随意损坏公共部位和设施。我国《住宅室内装饰装修管理办法》第十二条规定，装修人和装饰装修企业从事住宅室内装饰装修活动，不得侵占公共空间，也不能损害公共部位和设施。对于侵占公共空间，或者损害公共部位或设施的行为，该办法第三十四条规定，由城市房地产行政主管部门责令改正，造成损失的，依法承担赔偿责任。法律之所以做出这样的规定，是因为公共空间或者公共部位、设施为楼房内的所有住户共同所有，若允许某个住宿户随意侵占或损害，对其他人而言是不公平的，也不利于公共秩序的维护。因此，法律禁止破坏公共部位和设施的行为。

在上面的案例中，钟大妈和其儿子的做法是正确的，装修公司的说法是错误的，装修公司不能损害楼道内的公共墙壁。作为住户，应维护公共部位和设施的完整。对于装修公司损害公共墙壁的行为，钟大妈可以要求其承担责任。

法　条

《住宅室内装饰装修管理办法》

第十二条　装修人和装饰装修企业从事住宅室内装饰装修活动，不得侵占公共空间，不得损害公共部位和设施。

第三十四条　装修人因住宅室内装饰装修活动侵占公共空间，对公共部位和设施造成损害的，由城市房地产行政主管部门责令改正，造成损失的，依法承担赔偿责任。

18. 邻居修建的房屋影响自家房屋采光的，应该怎么办？

案　情

六十多岁的赵某是某村村民，赵某的邻居胡某最近翻盖了房屋，盖成了二层独院。赵某发现自从邻居的楼房修建完成后，自己家的采光条件就变得非常差。为此，赵某找到邻居胡某，称他的楼房影响了自己家的采光。胡某称楼房已经修建完成了，影响了赵某的采光自己也没有办法。赵某要求胡某承担损害赔偿责任，胡某拒绝。为此，双方发生争吵。无奈之下，赵某便准备咨询律师，将胡某起诉至法院。那么请问，邻居修建的房屋影响自家房屋采光的，应该怎么办？

解　析

日照、通风、采光等都是每个人生活所必须的。然而，在现实生活中，修建房屋导致他人无法正常采光和通风的问题时有发生。对此，我国《民法典》第二百九十三条明确规定，建造建筑物，不得违反国家有关工程建设标准，不得妨碍相邻建筑物的通风、采光和日照。据此可知，居民在建造房屋时，不能违反国家有关工程建设的标准，也不能妨碍相邻建筑物的通风、采光和日照。也就是说，建造房屋必须要考虑周围邻居的通风和采光问题，不得损害他人的合法权益。

在上面的案例中，赵某的邻居胡某修建楼房，影响了赵某家的正常采光，胡某的行为已经违反了法律的规定。但是，胡某的楼房已经建成，再让胡某拆除是不现实的，故赵某可以向法院提起诉讼，让胡某承担相应的损害赔偿责任。

法　条

《中华人民共和国民法典》

第二百九十三条　建造建筑物，不得违反国家有关工程建设标准，不得妨碍相邻建筑物的通风、采光和日照。

19. 房屋拆迁补偿的对象包括房屋将来的继承人吗？

案 情

李大爷的两个儿子都在外地工作。2021 年 2 月，因旧城改造，李大爷家所在的区域需要拆迁。李大爷有四间平房，其两个儿子得知后，都马上赶了回来。李大爷的大儿子让他置换房屋，而小儿子不同意。两个儿子因为房屋的拆迁补偿方式发生争议。两人都认为自己是李大爷的继承人，都属于拆迁补偿的对象，有权选择拆迁补偿方式。那么请问，李大爷的儿子是否属于房屋拆迁补偿的对象？

解 析

李大爷的两个儿子都不是房屋拆迁补偿的对象。《国有土地上房屋征收与补偿条例》第二条规定，为了公共利益的需要，征收国有土地上单位、个人的房屋，应当对被征收房屋所有权人（以下称被征收人）给予公平补偿。由此可知，在征收房屋时，房屋的所有权人才属于房屋拆迁补偿的对象，除此之外的其他人，都不是补偿对象。

在上面的案例中，李大爷是房屋的所有权人，因此，他属于房屋拆迁补偿的对象，而李大爷的儿子们并不是拆迁补偿的对象，没有权利选择拆迁补偿方式。

法　条

《国有土地上房屋征收与补偿条例》

第二条　为了公共利益的需要，征收国有土地上单位、个人的房屋，应当对被征收房屋所有权人（以下称被征收人）给予公平补偿。

20. 在房屋征收范围确定后，新建的房屋是否还可以得到补偿？

案　情

2021 年 1 月，王老太家所在区域的土地因修建火车站而被征收。在征收范围确定后，王老太为了可以在征收时多获得赔偿款，便在自家院子里新建了两间活动板房。后来，在进行房屋征收时，征收部门告诉王老太，她新建的两间房屋不在补偿范围内。但是，王老太认为，房屋征收部门的做法是错误的。为此，房屋征收部门向王老太详细说明了补偿规则。那么请问，在房屋征收范围确定后，新建的房屋是否还可以得到补偿？

解　析

在实际生活中，有些人为了获得更多的拆迁补偿，在房屋征收范围确定后便新建或者扩建房屋，而这些房屋是无法得到补偿的。对此，我国《国有土地上房屋征收与补偿条例》第十六条第一款规定，房屋征收范围确定后，不得在房屋征收范围内实施新建、扩建、改建房屋和改变房屋用途等不当增加补偿费用的行为；违反规定实施的，不予补偿。据此可知，在房屋征收范围确定后新建、扩建房屋的行为是违法的，这些房屋在征收中不能得到拆迁补偿。法律这样规定，就是为了防止部分人为了获得更多的补偿而随意扩建、新建房屋。

在上面的案例中，王老太在房屋征收范围确定后，又擅自新建房屋，这部分房屋是不能得到拆迁补偿的。因此，房屋征收部门的做法是正确的。

法　条

《国有土地上房屋征收与补偿条例》

第十六条　房屋征收范围确定后，不得在房屋征收范围内实施新建、扩建、改建房屋和改变房屋用途等不当增加补偿费用的行为；违反规定实施的，不予补偿。

房屋征收部门应当将前款所列事项书面通知有关部门暂停办理相关手续。暂停办理相关手续的书面通知应当载明暂停期限。暂停期限最长不得超过1年。

21. 在选择产权调换的征收补偿方式时，被征收人需要注意的问题是什么？

案　情

张爷爷退休后，一直一个人生活。2021年4月，张爷爷接到居委会的通知，称其所在的小区因修建高铁需要被征收，征收补偿方式可以自主选择产权调换或货币补偿。但是，张爷爷的子女都在国外，所以对于征收补偿方式的选择，张爷爷一直拿不定主意。后来，张爷爷打电话咨询子女，儿子和女儿都希望张爷爷选择产权调换的方式。可是，张爷爷听邻居说产权调换的方式比较复杂，有很多注意事项。为此，张爷爷准备去咨询专业人士。那么请问，在选择产权调换的补偿方式时，被征收人需要注意的问题是什么？

解　析

根据《国有土地上房屋征收与补偿条例》第二十一条的相关规定，房屋征收时，征收补偿方式包括货币补偿和房屋产权调换。被征收人选择房屋产权调换的，市、县级人民政府应当提供用于产权调换的房屋，并与被征收人计算、结清被征收房屋价值与用于产权调换房屋价值的差价。由此可见，被征收人在进行产权调换时，首先要计算自己房屋的面积，并对自己房屋的地理位置进行评估，以确定置换后房屋的价值是否与原来的房屋价值相一致。其次还应明确征收人是否有权处置调换的房屋。因为征收人用于调换的房屋基本有两种情况：其一，征收人是调换房屋的所有权人，这种房屋权属明确，风险较小；其二，征收人并非置换房屋的所有权人，调换的房屋是由其他开发商建设的新房，征收人与该开发商达成合作协议，将部分新房用于房屋征收的产权调换。在这种情况下，被征收人还需要与房屋的开发商签订房屋买卖合同，并办理相关手续。在上面的案例中，张爷爷如果选择产权置换的方式，需要明确以上事项，以保障自己的合法权益。

法　条

《国有土地上房屋征收与补偿条例》

第二十一条　被征收人可以选择货币补偿，也可以选择房屋产权调换。

被征收人选择房屋产权调换的，市、县级人民政府应当提供用于产权调换的房屋，并与被征收人计算、结清被征收房屋价值与用于产权调换房屋价值的差价。

因旧城区改建征收个人住宅，被征收人选择在改建地段进行房屋产权调换的，作出房屋征收决定的市、县级人民政府应当提供改建地段或者就近地段的房屋。

22. 被征收人对补偿决定不服的，应该怎么办？

案 情

徐某父母居住的房屋因城市扩建而被征收。在房屋征收部门对徐某父母的房屋进行评估时，徐某的父母认为，自家的房屋与邻居王某的房屋面积相同，但两家所得的补偿款却相差非常多。为此，徐某的父母向房屋征收部门提出异议，但是征收部门认为他们是按照标准进行评估的，若徐某父母不服，可以依照法律程序维护自己的合法权益。那么请问，被征收人对补偿决定不服的，应该怎么办？

解 析

在实际生活中，被征收人对房屋征收部门做出的补偿决定不服，认为补偿决定不合理的情况时有发生。那么，在此种情况下，我们应如何维护自己的合法权益呢？对此，根据《国有土地上房屋征收与补偿条例》第二十六条第三款的规定，被征收人对补偿决定不服的，可以选择两种方式维护自己的合法权益：一是依法向有关部门申请行政复议；二是依法向法院提起行政诉讼。

在上面的案例中，若徐某的父母对房屋征收部门的补偿决定不服，其既可以申请行政复议，也可以依法向法院提起行政诉讼，以维护自己的合法权益。

法　条

《国有土地上房屋征收与补偿条例》

第二十六条　房屋征收部门与被征收人在征收补偿方案确定的签约期限内达不成补偿协议，或者被征收房屋所有权人不明确的，由房屋征收部门报请作出房屋征收决定的市、县级人民政府依照本条例的规定，按照征收补偿方案作出补偿决定，并在房屋征收范围内予以公告。

补偿决定应当公平，包括本条例第二十五条第一款规定的有关补偿协议的事项。

被征收人对补偿决定不服的，可以依法申请行政复议，也可以依法提起行政诉讼。

第四章

遗产继承

1. 法定继承中，被继承人的哥哥有权要求继承财产吗？

案　情

老夏的父母生育了他们兄弟二人，哥哥夏大从小不学无术，结交了许多狐朋狗友。父母去世后，失去管束的夏大染上了赌瘾和酒瘾，还时不时找老夏借钱。老夏看不惯哥哥的做派，劝阻无效，便不再和他来往。年初，老夏因为胸口疼痛到医院就诊，经过诊断，医生确认老夏患有心脏病，叮嘱他注意休息，不要剧烈运动。老夏是个闲不住的人，才在家休息了半个多月，就总想着出去溜达溜达。一天，趁儿子不在家，老夏约了几个好友一起打羽毛球。一番运动过后，老夏心脏病发作，好友将他送到医院，遗憾的是，老夏经抢救无效还是去世了。老夏的儿子小夏刚刚处理完老夏的后事，夏大突然联系到他，提出自己是老夏的哥哥，理应分得老夏的遗产。那么，在这种情况下，夏大可以要求继承遗产吗？

解　析

老夏去世时并没有留下遗嘱，他的遗产继承人只能通过法定继承的规则确定。我国《民法典》第一千一百二十七条对法定继承的顺序作出了规定，根据规定，配偶、子女、父母为第一顺序继承人，兄弟姐妹、祖父母、外祖父母为第二顺序继承人。同时，当被继承人没有第一顺序继承人时，才可以由第二顺序继承人进行继承。换言之，被继承人死亡时没有子女的，才能由其兄弟姐妹来继承遗产。

夏大是老夏的哥哥，依照法律规定，他是老夏遗产的第二顺序继承人，如果没有其他继承人存在，他是可以继承遗产的。但是，老夏已经有了儿子小夏，小夏的继承顺位是优于夏大的。在老夏没有留下遗嘱的情况下，其遗产只能由小夏继承，夏大是没有继承权的。

法 条

《中华人民共和国民法典》

第一千一百二十七条 遗产按照下列顺序继承：

（一）第一顺序：配偶、子女、父母；

（二）第二顺序：兄弟姐妹、祖父母、外祖父母。

继承开始后，由第一顺序继承人继承，第二顺序继承人不继承；没有第一顺序继承人继承的，由第二顺序继承人继承。

……

2. 被继承人立下的遗嘱较法定继承具有优先效力吗?

案 情

老赵与妻子李云育有两个孩子，老大是个女儿，名叫赵雪，老二是个儿子，名叫赵伟。赵雪从小就成绩优秀，每年都是学校的三好学生，人人夸赞。而赵伟不仅不爱学习，还总是和同学打架，三天两头被老师请家长。大学毕业后，赵雪成为了一名教师。而赵伟初中毕业就不再读书了，没找到什么正经工作，一直住在老赵夫妻那里“啃老”。两年前，老赵被诊断为癌症。自从得知老赵得病，赵雪每天都来看望他，住院时也是赵雪不辞辛劳地照顾他。赵伟不仅不帮忙，还认为老赵是个拖累，动辄对他非打即骂。弥留之际，老赵留下遗嘱，将所有财产留给了妻子和女儿。老赵过世后，赵伟拒绝承认老赵的遗嘱，声称自己是法定继承人，有权继承遗产。那么，老赵的遗产该如何继承呢？

解　析

上面案例中涉及的，主要是遗嘱继承与法定继承之间何者更具有优先性的问题。我国《民法典》第一千一百二十三条规定，继承开始后，按照法定继承办理；有遗嘱的，按照遗嘱继承办理。通过这条规定我们可以看出，出于对过世者真实意愿的尊重，遗嘱继承的法律效力是明显优于法定继承的。在被继承人留有遗嘱的情况下，除非是法律规定的例外情形，否则一律应当按照遗嘱进行遗产分割。

在上面的案例中，赵伟经常打骂老赵，而赵雪对老赵关怀备至，尽到了主要的赡养义务。出于各方面的考量，老赵决定将遗产留给妻子和女儿，是完全合乎情理的。老赵出于自己的真实意愿订立的遗嘱，是一份合法的、具有法律效力的遗嘱。赵伟虽然是老赵的法定继承人，但是老赵并没有在遗嘱中为赵伟留下份额，因此赵伟无权继承老赵的遗产。

法　条

《中华人民共和国民法典》

第一千一百二十三条　继承开始后，按照法定继承办理；有遗嘱的，按照遗嘱继承或者遗赠办理；有遗赠扶养协议的，按照协议办理。

3. 可以依法继承受贿所得吗?

案 情

冯某没退休时是某单位的领导。他利用职务便利帮别人谋求了不少好处。为了防止受贿被查，冯某让来找他办事的人都给他写一张欠条，约定退休后再向他给付报酬。冯某退休后，那些人果然像约定的那样，将钱汇入了冯某的账户。法网恢恢，疏而不漏，虽然冯某认为自己的计划天衣无缝，但检察院还是发现了他受贿的罪行。冯某得知后心想："这些钱不能拱手交出去，反正我也没有几年活头了，一定要把这钱留给我的儿子。"于是，冯某写下一份遗嘱，将自己受贿所得的赃款全部留给儿子继承。遗嘱写完后，冯某跳楼自杀。请问，冯某的儿子可以依据冯某的遗嘱继承他的受贿所得吗?

解 析

根据我国《民法典》第一千一百二十二条第一款的规定，遗产是自然人死亡时遗留的个人合法财产。从这条规定中，可以得出可继承遗产的两个条件：一是遗产为自然人死亡时遗留的个人财产。也就是说，遗产必须为被继承人个人所有，被继承人与他人共有的财产必须在分割后才能进行继承。二是遗产为合法财产。换言之，可继承的遗产必须是被继承人的合法所得，犯罪所得的财产是无法继承的。

上面的案例中，冯某想要留给儿子的财产是他通过受贿获得的，并不是冯某个人的合法财产，根据法律的规定，冯某的儿子无法继承这部分财产。但是，这是否说明冯某的所有财产其儿子都无法继承呢？不是这样的。冯某的其他通过合法途径获得的财产，依然可以由其儿子继承。

法　条

《中华人民共和国民法典》

第一千一百二十二条　遗产是自然人死亡时遗留的个人合法财产。

依照法律规定或者根据其性质不得继承的遗产，不得继承。

4. 互有继承关系的人在车祸中同时遇难，遗产该怎样继承？

案　情

恰逢十一长假，小雷与妻子小贺自驾前往海边旅游。正当两人在高速公路上行驶时，后方的油罐车突然失控，径直撞上两人驾驶的小轿车。小轿车承受不住如此巨大的冲击，被挤压在栏杆和油罐车之间，严重变形。油罐车司机立刻拨打了报警电话与急救电话。救护车到达后，医生将小雷与小贺从车中救出，经过确认，判定两人在车祸中当场死亡，但无法判断死亡的先后顺序。小雷与小贺新婚不久还没有孩子，小贺的父母也早已过世，两人唯一的亲人只有小雷的父亲。请问，小雷与小贺的遗产该如何继承？

解析

关于相互有继承关系的两人在同一事件中死亡，他们的财产该如何继承的问题，我国《民法典》第一千一百二十一条作出了规定。根据规定，难以确定死亡时间的，推定没有其他继承人的人先死亡。在互有继承权的两个人同时死亡的情况下，这条规定可以使财产如何继承的问题变得更加清晰明了，也可以最大程度地避免财产无人继承的情况出现。

在上面的案例中，小雷与小贺在同一起交通事故中不幸去世，无法判定两人究竟谁先死亡。由于小雷与小贺是夫妻关系，互为继承人，可以按照《民法典》的规定进行分析。小雷与小贺没有子女，小贺没有其他亲人，小雷有父亲仍然在世。这说明，除了小雷，小贺是没有其他继承人的，此时应当推定小贺先于小雷死亡。小贺死亡后，全部遗产由小雷继承。而后小雷死亡，他自己的全部遗产，以及从小贺那里继承的遗产，都应当由小雷的父亲继承。

法条

《中华人民共和国民法典》

第一千一百二十一条 继承从被继承人死亡时开始。

相互有继承关系的数人在同一事件中死亡，难以确定死亡时间的，推定没有其他继承人的人先死亡。都有其他继承人，辈份不同的，推定长辈先死亡；辈份相同的，推定同时死亡，相互不发生继承。

5. 口头作出放弃继承的意思表示有效吗？

案　情

鲁大年原本是一名工人，九十年代下岗后，他便开始尝试做一些小生意，渐渐地，生意越做越大，鲁大年成立了自己的第一家公司。不久前，鲁大年因胰腺癌住进医院治疗，可是癌症已经步入晚期，医生也回天乏术，没过多久，鲁大年便去世了。去世前，鲁大年给儿子鲁小年留下一份遗嘱，表示鲁小年可以继承自己全部的财产，但是要将公司经营好。遗产分割前，鲁小年前往公司任职，这时他才发现，公司早已入不敷出，不仅拖欠着员工的工资，还欠着许多外债。鲁小年并不想接下这个烫手山芋，便立刻给母亲打电话，表示愿意放弃继承。那么，鲁小年口头放弃继承的意思表示有法律效力吗？

解　析

鲁小年口头放弃继承的意思表示没有法律效力。我国《民法典》第一千一百二十四条第一款规定，继承开始后，继承人放弃继承的，应当在遗产处理前，以书面形式作出放弃继承的表示。从这条规定可以看出，继承人可以放弃继承权，但是需要以书面形式作出表示，这样，其放弃继承权的行为才是有效的。

那么，是不是所有口头放弃继承的意思表示都没有法律效力呢？根据《最高人民法院关于适用〈中华人民共和国民法典〉继承编的解释（一）》第三十四条的规定，口头放弃继承的意思表示发生效力的条件主要有两个：第一，继承人需在诉讼中向人民法院提出；第二，需要对继承人放弃继承的意思表示制作笔录，由放弃继承的人签名。在上面的案例中，鲁小年放弃继承的意思表示并不是在诉讼中作出的，他也并没有以书面形式向母亲传达自己放弃继承的意愿。由此可见，鲁小年口头作出的放弃继承的意思表示无法发生法律效力。

法　条

《中华人民共和国民法典》

第一千一百二十四条第一款　继承开始后，继承人放弃继承的，应当在遗产处理前，以书面形式作出放弃继承的表示；没有表示的，视为接受继承。

《最高人民法院关于适用〈中华人民共和国民法典〉继承编的解释（一）》

第三十四条　在诉讼中，继承人向人民法院以口头方式表示放弃继承的，要制作笔录，由放弃继承的人签名。

6. 儿子去世后，儿媳腹中尚未生产的孩子可否获得遗产？

案　情

老何与妻子孔梅辛苦了一辈子，把儿子何志抚养长大。何志毕业后，老何盼着儿子能带回来一个家庭条件好的儿媳妇，这样他和老伴以后的生活压力就小多了。没想到，何志爱上了家庭条件不好但是踏实上进的周丽。不顾老何老两口的反对，何志坚持与周丽结了婚。婚后不久，周丽便怀孕了。一天，何志下班路上看到有人抢劫，立即勇敢地上前阻止，却被歹徒用刀刺中，因抢救无效去世。何志去世后，老何老两口立刻霸占了何志的遗产。周丽提出应当给她肚子里的孩子留一份遗产，老何却表示，孩子尚未出生，无法拥有继承权。请问，老何的说法正确吗？

解　析

我国《民法典》继承编将尚未出生的胎儿视为能够继承遗产的个体。《民法典》第一千一百五十五条规定，遗产分割时，应当保留胎儿的继承份额。胎儿娩出时是死体的，保留的份额按照法定继承办理。从这条规定中，我们可以得到两点信息：首先，胎儿出生后能否存活一概不论，其未出生时当然享有继承权，分割遗产应当为胎儿保留份额；其次，若胎儿出生后为死体，其份额可以重新分割。

由此可知，上面案例中周丽腹中的胎儿依照法律享有继承权，在分割何志的遗产时，应当为该胎儿保留份额，老何夫妻的做法是违法的。为了保障周丽腹中胎儿合法的权利，按照《最高人民法院关于适用〈中华人民共和国民法典〉继承编的解释（一）》第三十一条第一款的规定，应从老何夫妻继承的遗产中，扣回属于周丽以及其腹中胎儿的份额。

法　条

《中华人民共和国民法典》

第一千一百五十五条　遗产分割时，应当保留胎儿的继承份额。胎儿娩出时是死体的，保留的份额按照法定继承办理。

《最高人民法院关于适用〈中华人民共和国民法典〉继承编的解释（一）》

第三十一条第一款 应当为胎儿保留的遗产份额没有保留的，应从继承人所继承的遗产中扣回。

7. 女儿先去世，外孙女能代为继承遗产吗？

案 情

钱颖只有一个独生女儿王岚。五年前，王岚与前夫离婚，之后一直没有再婚，带着女儿秀秀独自生活。钱颖心疼女儿，在王岚工作忙时，总是帮她照顾秀秀。钱颖的老伴去世后，王岚怕母亲孤独，就将她接来与自己一起居住。不久前，钱颖因病住院，王岚担心母亲吃不惯医院的饭菜，不管工作多忙，中午都要到医院给钱颖送饭。一天，王岚在给钱颖送饭的途中，被一辆汽车撞倒，当场死亡。钱颖得知女儿去世的消息后，悲痛交加，病情骤然加重，没过多久也去世了。那么，在这种情况下，秀秀可以继承钱颖的遗产吗？

解 析

上面案例中主要涉及的，是在老人的子女先于老人去世的情况下，孙辈能否替老人的子女代位继承老人遗产的问题。我国《民法典》第一千一百二十八条第一款规定，被继承人的子女先于被继承人死亡的，由被继承人的子女的直系晚辈血亲代位继承。从这条规定可以看出，祖孙之间的代位继承需要符合两个条件：（一）子女先于老人去世；（二）有代位继承权的必须是子女的直系晚辈，但辈数在所不问。

在上面的案例中，钱颖的老伴已经去世，其遗产的法定继承人只有女儿王岚。然而天有不测风云，王岚遭遇意外，先于钱颖过世。也就是说，如果没有代位继承制度，钱颖的遗产此时将会落入无人继承的局面。在这种情况下，便可以由秀秀来代替王岚的位置，继承钱颖的遗产。从上面案例中也可以看出，代位继承制度能够最大程度地确保公民的财产有人继承，同时，代位继承制度也是国家保障公民私有财产权的一大体现。

法 条

《中华人民共和国民法典》

第一千一百二十八条第一款 被继承人的子女先于被继承人死亡的，由被继承人的子女的直系晚辈血亲代位继承。

8. 侄子可以继承姑姑的遗产吗？

案 情

孙兰今年六十岁，在一家即将上市的企业中担任总经理。孙兰从小就梦想着能够成就一番事业。大学毕业后，由于大学期间成绩优异，孙兰公费出国读了研究生。回国参加工作后，她踏实上进，工作能力强，没多久就升为了部门经理，之后更是一步步走到了总经理的位置。最近，为了公司能够顺利上市，孙兰忙得不可开交，经常通宵处理工作。在这样高负荷的工作压力下，已经年纪不小的孙兰身体支撑不住，突发心梗，抢救无效去世了。此前，为了更好地发展事业，孙兰一直未婚，也没有自己的孩子，唯一的亲人只有已过世哥哥的独生子小伟。那么，在这种情况下，小伟能够继承孙兰的遗产吗？

解　析

要解决上面案例中的问题，主要需要了解《民法典》中关于姑侄之间代位继承的规定。所谓姑侄之间的代位继承，是指《民法典》第一千一百二十八条第二款的规定，即被继承人的兄弟姐妹先于被继承人死亡的，由被继承人的兄弟姐妹的子女代位继承。从这条规定中，我们可以获得两个信息：首先，姑侄之间要发生代位继承，首先需要被继承人的兄弟先于被继承人死亡；其次，只有被继承人的兄弟的子女才享有代位继承权。

姑侄之间的代位继承是我国《民法典》新增加的代位继承情形，与传统的祖孙之间的代位继承相比，姑侄之间的代位继承多了一点限制——代位继承人需是被继承人的兄弟姐妹的子女，而不是概括的直系晚辈血亲。在此种情形下发生的代位继承，代位继承人的地位相当于原法定继承中第二顺序继承人的地位。

在上面的案例中，孙兰的法定继承人只有其哥哥，但由于哥哥先于孙兰去世，因此哥哥的独生子小伟便可以代替孙兰的哥哥，继承孙兰的遗产。

法　条

《中华人民共和国民法典》

第一千一百二十八条第二款　被继承人的兄弟姐妹先于被继承人死亡的，由被继承人的兄弟姐妹的子女代位继承。

9. 儿子犯罪入狱，还有继承权吗？

案 情

老吴的儿子小吴从小品学兼优，从没让老吴多操心，大学毕业后顺利进入税务部门，成为了一名公务员。工作三年后，小吴逐渐觉得自己该成家了，正在这时，他遇到了以前的高中同学小韩。几年不见，小韩变化巨大，比以前更加美丽动人了。为了讨好小韩，小吴用自己的工资为她买各种奢侈品，很快，不仅存款花得一干二净，小吴还背上了几万元的贷款。眼看贷款越来越多，靠着工资根本还不上，小吴逐渐动起了歪心思。他利用职务之便挪用了单位账户上的资金偿还贷款，但是单位的账户却迟迟补不平。没过多久东窗事发，小吴以挪用公款罪被判处有期徒刑三年。小吴入狱后，老吴忧心成疾，他感到自己也许时日无多，便想要写一份遗嘱。小吴是老吴唯一的儿子，如今却犯罪入狱，老吴想知道，小吴还可以继承他的遗产吗？

解 析

享有继承权的继承人并不是一定能够继承遗产的，在法律规定的情形发生时，继承人可能会丧失继承权。我国《民法典》第一千一百二十五条第一款规定了五种丧失继承权的情形，主要有：（一）故意杀害被继承人；（二）为争夺遗产而杀害其他继承人；（三）遗弃被继承人，或者虐待被继承人情节严重；（四）伪造、篡改、隐匿或销毁遗嘱，情节严重；（五）以欺诈、胁迫手段迫使或妨碍被继承人设立、变更或者撤回遗嘱，情节严重。由此条规定可以看出，丧失继承权的情形主要涉及恶意阻碍遗产继承顺利、合法进行的行为，而其他类型的犯罪是不会造成丧失继承权的结果的。

在上面的案例中，小吴由于挪用公款而被执行刑罚，而挪用公款罪并不在《民法典》所列出的丧失继承权的情形之中，小吴并不会因为犯罪入狱而丧失继承权，依然能够继承老吴的遗产。

法　条

《中华人民共和国民法典》

第一千一百二十五条第一款　继承人有下列行为之一的，丧失继承权：

（一）故意杀害被继承人；

（二）为争夺遗产而杀害其他继承人；

（三）遗弃被继承人，或者虐待被继承人情节严重；

（四）伪造、篡改、隐匿或者销毁遗嘱，情节严重；

（五）以欺诈、胁迫手段迫使或者妨碍被继承人设立、变更或者撤回遗嘱，情节严重。

10. 遗弃老人后，儿子是否还能继承老人的财产？

案　情

郑芳是一名农民，以务农为生。她与丈夫每日面朝黄土背朝天，靠两人的辛勤劳动将儿子侯震送出农村，到城市上大学。侯震大学毕业后，便留在城市里成家生子。两年前，郑芳的老伴过世，只剩她一人在农村的老宅中居住。没过多久，郑芳也因为脑溢血瘫痪在床。侯震怕村里的人说闲话数落他不孝顺，便将郑芳接到城市中居住。郑芳的病情越来越重，不仅生活需要人照顾，平时吃药治疗也要花不少钱。侯震与妻子烦不胜烦，两人商量后，决定悄悄将郑芳遗弃在医院里。将郑芳遗弃后，侯震接到老家村委会打来的电话，称郑芳老宅的宅基地不久之后将被政府征用，政府会给郑芳发放十万元的补偿款。那么，如果郑芳过世，此时的侯震有权继承这笔钱吗？

解　析

侯震能否继承这笔钱，可以通过两个方面来进行分析。

首先，《民法典》第一千一百二十五条第一款第三项规定，遗弃被继承人的，丧失继承权。也就是说，如果继承人出于逃避赡养义务或及早继承遗产的目的将被继承人遗弃的，该继承人将会丧失继承遗产的权利。在上面的案例中，侯震为了逃避照顾郑芳的义务而将郑芳遗弃，按照法律规定，侯震已经丧失了对郑芳遗产的继承权。

那么，是不是侯震就一定无法继承郑芳的遗产呢？《民法典》第一千一百二十五条第二款规定，继承人遗弃被继承人，确有悔改表现，被继承人表示宽恕或者事后在遗嘱中将其列为继承人的，该继承人不丧失继承权。换言之，如果在遗弃郑芳后，侯震能够认识到自己的错误，真诚悔过，并且取得郑芳的原谅，他就依然能够继承郑芳的遗产。

法　条

《中华人民共和国民法典》

第一千一百二十五条　继承人有下列行为之一的，丧失继承权：

……

（三）遗弃被继承人，或者虐待被继承人情节严重；

……

继承人有前款第三项至第五项行为，确有悔改表现，被继承人表示宽恕或者事后在遗嘱中将其列为继承人的，该继承人不丧失继承权。

受遗赠人有本条第一款规定行为的，丧失受遗赠权。

11. 父亲受儿子欺骗变更遗嘱，后又原谅儿子的，儿子还有资格继承遗产吗？

案情

老陈育有两个儿子，大儿子陈一老实本分，是一名建筑工人，二儿子陈二聪明机灵，在房地产公司做销售。过完七十岁大寿后，老陈觉得自己是时候该立下遗嘱了。他考虑到大儿子收入比较低，便在遗嘱中给陈一分配了较多的遗产份额。陈二知道后十分不服气，为了拿到更多的遗产份额，他心生一计。陈二伪造了许多欠条，骗老陈说陈一这些年一直在外赌博，欠了很多外债，并拿出欠条作为证据。老陈信以为真，怒不可遏，立刻修改了遗嘱，将自己的遗产全部留给陈二继承。陈一去看望老陈时，老陈气势汹汹地质问陈一为什么要赌博，陈一一头雾水，老陈这才知道他被陈二骗了。虽然心里生气，但是陈二毕竟是他的儿子，在陈二道歉悔过后，老陈也只能原谅了他。那么，此时的陈二还能继承老陈的遗产吗？

解　析

陈二是可以继承老陈的遗产的。我国《民法典》第一千一百二十五条第一款中规定了五种丧失继承权的情形，其中第五项为：以欺诈、胁迫手段迫使或者妨碍被继承人设立、变更或者撤回遗嘱，情节严重的，丧失继承权。换言之，当继承人侵犯被继承人的权利，致使被继承人并非出于真实意愿而订立遗嘱时，该继承人应当丧失继承权。

但同时，第一千一百二十五条第二款针对此种情形作出了例外规定：继承人确有悔改表现，被继承人表示宽恕的，该继承人不丧失继承权。在上面的案例中，陈二用欺骗手段使老陈产生了认识错误，从而变更了自己的遗嘱，这一行为侵犯了老陈以真实的意思表示订立遗嘱的权利。但事后，老陈已经对陈二表示了原谅，陈二也对自己的行为表示了道歉和悔过，陈二依然有权继承老陈的遗产。

法　条

《中华人民共和国民法典》

第一千一百二十五条　继承人有下列行为之一的，丧失继承权：

……

（五）以欺诈、胁迫手段迫使或者妨碍被继承人设立、变更或者撤回遗嘱，情节严重。

继承人有前款第三项至第五项行为，确有悔改表现，被继承人表示宽恕或者事后在遗嘱中将其列为继承人的，该继承人不丧失继承权。

受遗赠人有本条第一款规定行为的，丧失受遗赠权。

12. 篡改遗嘱后一定会失去继承权吗?

案 情

老曹今年七十二岁，两个月前，他被医生诊断为肺癌晚期，医生告诉他，他的生命已经只剩半年时间了。在生命的最后，老曹决定安排一下自己的身后事。他与老伴商量，将自己的遗产平均分给两个女儿曹丽和曹华，老伴对他的决定表示支持，并陪同老曹立下了遗嘱。小女儿曹华得知遗嘱内容后，心里十分不平衡，她想："姐姐样样比我强，收入也比我多，遗产应该给我多分点儿才对。"于是，曹华趁着到父母家看望老曹之际，悄悄修改了老曹遗嘱的内容，将大部分遗产都留给自己，姐姐曹丽仅仅能继承五万元现金。请问，曹华篡改遗嘱后，一定会失去继承权吗?

解 析

《民法典》第一千一百二十五条第一款第四项规定，继承人伪造、篡改、隐匿或者销毁遗嘱，情节严重的，丧失继承权。从这条规定可以看出，继承人伪造、篡改、隐匿或者销毁遗嘱并不是丧失继承权的必然条件，必须加上"情节严重"这一限定，继承人才会丧失继承权。

那么，此处的"情节严重"该作何理解呢?《最高人民法院关于适用〈中华人民共和国民法典〉继承编的解释（一）》第九条对此作出了规定。此条规定表明，当继承人的上述行为侵害了缺乏劳动能力又无生活来源的继承人的利益，并造成其生活困难的，应当认定为"情节严重"。在上面的案例里，老曹遗嘱中设定的继承人只有曹华和曹丽，曹丽既有劳动能力也有生活来源，曹华篡改遗嘱的行为并不会使曹丽生活困难。因此，曹华的行为还达不到“情节严重”的标准，她并不会丧失继承权。但是，曹华篡改后的遗嘱并不是老曹真实的意思表示，她篡改的部分是无效的，老曹的遗产依然应当按照老曹的意思进行继承。

法 条

《中华人民共和国民法典》

第一千一百二十五条第一款 继承人有下列行为之一的，丧失继承权：

……

（四）伪造、篡改、隐匿或者销毁遗嘱，情节严重；

……

《最高人民法院关于适用〈中华人民共和国民法典〉继承编的解释（一）》

第九条 继承人伪造、篡改、隐匿或者销毁遗嘱，侵害了缺乏劳动能力又无生活来源的继承人的利益，并造成其生活困难的，应当认定为民法典第一千一百二十五条第一款第四项规定的“情节严重”。

13. 老人的再婚妻子能否继承其遗产？

案 情

朱某的原配妻子去世时，将其婚前购买的房产通过遗嘱留给了朱某。妻子去世后，朱某郁郁寡欢，身体也不太好，平时总是生病。为了照顾朱某，儿子朱江雇佣了保姆金某，由她负责照顾朱某的生活起居。金某干活细心又勤快，人也能说会道，经常给朱某讲笑话逗他开心。久而久之，朱某对她产生了感情。当朱某得知金某已于三年前与前夫离婚后，便与金某领取了结婚证。朱江见父亲确实比以前开朗了，也就没有对两人结婚的事情表示异议。五年后，朱某突患急症，临终前，他留下遗嘱，将房产留给金某，其他积蓄留给朱江继承。遗产分割时，朱江认为该房产为母亲生前所购，金某无权继承。那么，金某能够继承该房产吗？

解　析

金某能够继承该房产。我国《民法典》第一千一百五十七条规定，夫妻一方死亡后另一方再婚的，有权处分所继承的财产，任何组织或个人不得干涉。也就是说，夫妻一方死亡，另一方继承遗产后，该遗产的所有权就已经发生了转移，由另一方享有，另一方当然有权处分该财产。

在上面的案例中，朱某的原配妻子去世后通过遗嘱将自己婚前所购买的房产留给了朱某，这说明，此时朱某已经享有了该房产的所有权，进行房屋权属登记后，便可任意对该房产进行处分。金某与朱某领取了结婚证，两人的婚姻合法有效，金某已经是朱某的合法妻子。况且，自从原配妻子去世后，金某尽心尽力照顾朱某，也让朱某摆脱了原来的悲伤与寂寞，朱某将房产留给金某是完全合情合理的。朱江出于对母亲的情感，反对金某继承房产的想法也情有可原，但他也应该尊重法律的规定和父亲的决定。

法　条

《中华人民共和国民法典》

第一千一百五十七条　夫妻一方死亡后另一方再婚的，有权处分所继承的财产，任何组织或者个人不得干涉。

14. 解除收养关系后，养子女可以继承生父母的遗产吗？

案　情

武某与妻子车某年过四十还没有孩子，为了以后能有人养老，武某领养了杜某的儿子志伟。领养志伟后没过几年，车某就意外怀孕，拥有了属于自己的孩子。自从武某与车某的亲生儿子小勇诞生后，两人就对志伟冷淡了许多。久而久之，志伟与武某夫妻的感情越来越淡薄。小勇大学毕业后，陷入了网赌的深渊，很快就把武某夫妻的家底全部输光了。小勇泥足深陷，逼着父母向志伟要钱，武某以自己对志伟的养育之恩为要挟，让志伟替小勇偿还赌债。志伟心灰意冷，在向武某支付他这些年花费的抚养费后，便与武某夫妻解除了收养关系。收养关系解除后，志伟逐渐与生父母取得联系，并不时地去看望他们。两年后，志伟的亲生父母因病去世。请问，这时的志伟能够继承其亲生父母的遗产吗？

解　析

我国《民法典》第一千一百一十七条规定，收养关系解除后，养子女与养父母间的权利义务即行消除，与生父母间的权利义务关系自行恢复。但是，成年养子女与生父母间的权利义务关系是否恢复，可以协商确定。从这条规定中可以看出，针对收养关系解除后养子女与生父母之间的权利义务关系问题，法律是从两个方面进行规定的：（一）养子女未成年的情况下，其与生父母之间的权利义务关系自行恢复；（二）养子女成年的情况下，其与生父母之间的权利义务关系是否恢复可以协商。

在上面的案例中，武某夫妻领养了志伟，又在志伟成年后解除了收养关系。根据法律的规定，此时志伟与武某夫妻之间的权利义务关系已经消灭了。由于志伟此时已经成年，其是否能继承生父母的财产取决于他与生父母之间的权利义务关系是否恢复。从案例中可以看出，志伟与其生父母联系密切并且都没有作出反对权利义务关系恢复的表示，因此，他们之间的权利义务关系自收养关系解除时便可以视为恢复，志伟可以继承生父母的遗产。

法　条

《中华人民共和国民法典》

第一千一百一十七条　收养关系解除后，养子女与养父母以及其他近亲属间的权利义务关系即行消除，与生父母以及其他近亲属间的权利义务关系自行恢复。但是，成年养子女与生父母以及其他近亲属间的权利义务关系是否恢复，可以协商确定。

15. 继女对继父的遗产是否具有继承权？

案　情

老江年轻时，一直专心打拼事业，不到四十岁就当上了公司高管，但却一直没有成家。在一次商务合作中，老江认识了对方公司的商务代表姚华。在相处中，老江得知姚华于不久前离婚，独自一人带着女儿圆圆生活。老江被姚华的独立自信打动，姚华也对老江很有好感，没过多久，两人便步入了婚姻的殿堂。老江与姚华结婚后，对圆圆视如己出，十分疼爱，圆圆也非常喜欢老江，两人的感情比亲生父女还要亲密。圆圆长大成家后，也会时不时地来看望老江。不久前，老江突发心梗，不幸去世。遗产分割时，老江的弟弟主张，圆圆并非老江亲生，无权继承老江的遗产。请问，此种主张有法律依据吗？

解　析

继女是否能继承继父的遗产，主要看继父与继女之间是否已经形成了扶养关系。我国《民法典》第一千一百二十七条第三款规定，继承编中所称子女，包括婚生子女、非婚生子女、养子女和有扶养关系的继子女。这条规定可以从两个方面进行分析：首先，《民法典》规定的有继承权的子女不仅包括亲生子女，也包括法律拟制的子女；其次，规定中的“有扶养关系”，不仅包括继父母对继子女的抚养，也包括继子女对继父母的赡养。

在上面的案例中，老江对待圆圆就像对待自己的亲生女儿一样，在圆圆的成长过程中起到了至关重要的作用。而圆圆长大后，也并没有弃老江于不顾，而是经常回家看望老江，这实际上就是在履行赡养义务。由此可见，老江与圆圆之间，已经形成了确实的扶养关系，符合法律规定的继子女享有继承权的条件，圆圆继承老江的财产是完全合情合理的。

法条

《中华人民共和国民法典》

第一千一百二十七条 遗产按照下列顺序继承：

（一）第一顺序：配偶、子女、父母；

（二）第二顺序：兄弟姐妹、祖父母、外祖父母。

继承开始后，由第一顺序继承人继承，第二顺序继承人不继承；没有第一顺序继承人继承的，由第二顺序继承人继承。

本编所称子女，包括婚生子女、非婚生子女、养子女和有扶养关系的继子女。

本编所称父母，包括生父母、养父母和有扶养关系的继父母。

本编所称兄弟姐妹，包括同父母的兄弟姐妹、同父异母或者同母异父的兄弟姐妹、养兄弟姐妹、有扶养关系的继兄弟姐妹。

16. 被继承人所扶养的孤儿有继承权吗？

案情

老费的老伴走得早，儿子也在另一个城市工作。一天，从前的老战友给他打电话，表示有个父母双亡的孩子小双无人扶养，问老费愿不愿意照顾他。老费一听这孩子的身世这么可怜，便同意了。小双是个品学兼优的好孩子，也很孝顺，总是给老费捶肩揉背，还主动分担家务。老费与小双共同生活了几年，感情就像亲爷孙一样深厚。过了几年，小双刚上初二，却得知老费已经是癌症晚期，生命只剩下两个月了。小双含泪陪老费走过了最后的时光，与老费的儿子小费一起为老费办了后事。遗产分割时，小费表示，自己才是老费唯一的儿子，遗产应当全部归自己所有，小双不过是个野孩子，无权继承老费的遗产。请问，小费的说法正确吗？

解 析

小双有权继承老费的遗产，小费的说法不正确。根据我国《民法典》第一千一百三十一条规定，对继承人以外的依靠被继承人扶养的人，可以分给适当的遗产。从这条规定可以看出，能够获得被继承人遗产的人并不只限定于法定继承人，如果某人与被继承人有正在进行的实际上的扶养关系，即使其并不是该被继承人的法定继承人，依然有权继承遗产。

在上面的案例中，小双是父母双亡的未成年人，主要依靠老费扶养，老费为小双提供了主要的生活来源与精神支柱。在这种情况下，应当认为小双符合《民法典》第一千一百三十一条的规定，有权继承老费的遗产。如果小费坚持不承认小双的继承权，小双可以按照《最高人民法院关于适用〈中华人民共和国民法典〉继承编的解释（一）》第二十一条的规定，以独立的诉讼主体资格向人民法院提起诉讼，保护自己的合法权益。

法 条

《中华人民共和国民法典》

第一千一百三十一条 对继承人以外的依靠被继承人扶养的人，或者继承人以外的对被继承人扶养较多的人，可以分给适当的遗产。

《最高人民法院关于适用〈中华人民共和国民法典〉继承编的解释（一）》

第二十一条 依照民法典第一千一百三十一条规定可以分给适当遗产的人，在其依法取得被继承人遗产的权利受到侵犯时，本人有权以独立的诉讼主体资格向人民法院提起诉讼。

17. 继承人可以只继承遗产不继承债务吗？

案 情

向某年轻时和朋友合伙做生意，本以为能赚得盆满钵满，没想到却受到朋友欺骗，被迫背了一身的债。生意失败后，向某整天萎靡不振，借酒消愁，久而久之染上了酒瘾，不仅原来的债务还不上，还又欠了亲朋好友不少钱。妻子万某看到他这不上进的样子，恨铁不成钢，便与向某离婚，带着两人的儿子小向离开了。万某离开后，向某更加破罐子破摔，家也不回了，每天在外面喝酒游荡。一天，向某在外闲逛时，发现了一家彩票站，见身上还有些零钱，便购买了一张彩票。没想到，这张彩票竟然为向某带来了五十万元的大奖，将奖金领到手的向某过于激动，突发心脏病，经抢救无效去世了。小向得知他是向某唯一的法定继承人，他想知道，自己能不能只继承遗产而不继承向某的债务呢？

解 析

根据我国法律的规定，只继承遗产而不继承债务是不可以的。《民法典》第一千一百五十九条规定，分割遗产，应当清偿被继承人依法应当缴纳的税款和债务。第一千一百六十一条规定，继承人以所得遗产实际价值为限清偿被继承人依法应当缴纳的税款和债务……继承人放弃继承的，对被继承人依法应当缴纳的税款和债务可以不负清偿责任。

根据上述两条规定，可以总结出三个要点：第一，继承人应当偿还被继承人的债务；第二，继承人偿还债务的数额以所继承财产的实际价值为限；第三，继承人放弃继承时可以不偿还被继承人债务。由此可知，只要继承人接受继承，其就必须偿还被继承人遗留的债务，但仅以继承财产的实际价值为限。

在上面的案例中，小向是向某唯一的继承人，如果他接受继承，便可以取得向某所有的遗产，但同时需要偿还在遗产范围内向某背负的债务。因此，如果小向不想偿还向某的债务，他只能选择放弃继承，并以书面形式向遗产管理人作出放弃继承的意思表示。

法　条

《中华人民共和国民法典》

第一千一百五十九条　分割遗产，应当清偿被继承人依法应当缴纳的税款和债务；但是，应当为缺乏劳动能力又没有生活来源的继承人保留必要的遗产。

第一千一百六十一条　继承人以所得遗产实际价值为限清偿被继承人依法应当缴纳的税款和债务。超过遗产实际价值部分，继承人自愿偿还的不在此限。

继承人放弃继承的，对被继承人依法应当缴纳的税款和债务可以不负清偿责任。

18. 患有轻度阿尔茨海默症的人可以设立遗嘱吗?

案 情

包大妈今年七十五岁，几个月前，她发现自己的记忆力越来越差，经常是刚收起来的东西转眼就忘记放在哪儿了。女儿樊雨觉得包大妈情况不对劲，便带着包大妈来到医院，经过检查，医生确定包大妈患有轻度阿尔茨海默症，记忆力减退就是阿尔茨海默症的早期表现。回家后，包大妈心想："趁着现在我还意识清醒，得赶快立下遗嘱，把我的财产好好分配给孩子。"于是，包大妈在女儿的陪同下立下了一份遗嘱，将自己的房屋留给儿子樊虎，二十万元现金和金银首饰留给女儿樊雨，并签上了自己的名字。请问，包大妈在患有阿尔茨海默症的情况下所订立的遗嘱，具有法律效力吗?

解 析

根据我国法律的规定，遗嘱的有效要件主要有四个：一是遗嘱人立遗嘱时必须具备完全民事能力；二是遗嘱人在立遗嘱时意思表示必须真实；三是遗嘱的内容不得违反法律和社会公德；四是遗嘱的形式必须符合《民法典》继承编的规定。由此可见，上面的案例中，包大妈的遗嘱是符合后三个要件的，要确定包大妈的遗嘱有没有效力，关键要看立遗嘱时包大妈是否有完全民事行为能力。

《民法典》第一千一百四十三条和《最高人民法院关于适用〈中华人民共和国民法典〉继承编的解释（一)》第二十八

条，都规定了只有完全民事行为能力人才能订立有效遗嘱，可见，在订立遗嘱时，遗嘱人具有完全民事行为能力是非常重要的因素。案例中的包大妈在订立遗嘱时患有阿尔茨海默症，但她还处在病情的早期阶段，并没有很明显的病征，只有记忆力减退的情况出现。在这种情况下，阿尔茨海默症并不足以影响包大妈对自己行为的辨认和控制能力，可以断定包大妈是完全民事行为能力人。因此，只要遗嘱的形式符合法律规定，包大妈订立的遗嘱就是合法有效的。

法 条

《中华人民共和国民法典》

第一千一百四十三条第一款 无民事行为能力人或者限制民事行为能力人所立的遗嘱无效。

《最高人民法院关于适用〈中华人民共和国民法典〉继承编的解释（一）》

第二十八条 遗嘱人立遗嘱时必须具有完全民事行为能力。无民事行为能力人或者限制民事行为能力人所立的遗嘱，即使其本人后来具有完全民事行为能力，仍属无效遗嘱。遗嘱人立遗嘱时具有完全民事行为能力，后来成为无民事行为能力人或者限制民事行为能力人的，不影响遗嘱的效力。

19. 十四岁的孙子可否作为遗嘱的见证人？

案 情

简大爷上了年纪以后，身体就不太好，总是生病，三天两头地往医院跑。最近，简大爷明显感觉自己的精神头儿不如往年，觉得自己也许大限将至，于是准备立一份遗嘱。简大爷有严重的老花眼，无法亲笔书写遗嘱，便决定找人来代笔。他听说代书遗嘱需要见证人在场，思来想去，简大爷还是觉得自家人最可靠，于是叫来了十四岁的双胞胎孙子简星和简月，由简星代笔，简月见证，完成了这份代书遗嘱。遗嘱写完后，简星和简月郑重地在遗嘱上签下了名字。请问，简大爷的这份遗嘱是否有效？未成年人能否作为遗嘱的见证人呢？

解析

我国《民法典》第一千一百四十条对不能作为遗嘱见证人的情形作出了具体规定，依据此条规定，有下列三种人员无法作为遗嘱见证人：第一，无民事行为能力人、限制民事行为能力人以及其他不具有见证能力的人；第二，继承人、受遗赠人；第三，与继承人、受遗赠人有利害关系的人。法律这样规定，是为了能在最大程度上保证遗嘱人的意志自由性与遗嘱的真实性。

从前述规定可知，在上面的案例中，简星和简月是不能作为遗嘱见证人的。我国《民法典》规定，八周岁以下的未成年人为无民事行为能力人，已满八周岁不满十八周岁的未成年人为限制民事行为能力人。由此可见，简星和简月都只有十四岁，并不具备完全的民事行为能力，不符合法律遗嘱见证人的限制规定。由于见证人不具备见证人身份，简大爷的代书遗嘱无法产生法律效力。如果简大爷想订立一份合法有效的遗嘱，可以按照法律规定重新寻找见证人，也可以寻求公证机关的帮助，制作一份公证遗嘱。

法 条

《中华人民共和国民法典》

第一千一百四十条 下列人员不能作为遗嘱见证人：

（一）无民事行为能力人、限制民事行为能力人以及其他不具有见证能力的人；

（二）继承人、受遗赠人；

（三）与继承人、受遗赠人有利害关系的人。

20. 将遗产赠与福利院的遗嘱有效吗？

案 情

老宁与老伴庄某育有两个儿子，儿子们长大后，先后离开父母前往大城市工作。儿子们走后，就再没有回来看过老宁夫妇一眼，每次老宁打电话向他们询问什么时候能回来，都会得到不耐烦的答复。前段时间，老宁下楼时不慎摔伤导致脑出血，情况十分危急，庄某给儿子们打电话让他们回来看看，儿子们不仅不回来，还急着问老宁的遗产打算怎么分配。脱离生命危险后，老宁对两个儿子彻底寒了心。他与老伴商量，等两人去世后，将所有遗产都捐给福利院，庄某同意了老宁的提议。于是，两人书写了一份将遗产赠与福利院的遗嘱。半年后，老宁病逝。儿子们得知老宁生前立下的遗嘱内容后，主张他们才是老宁遗产的合法继承人，老宁的遗嘱是无效的。请问，老宁订立的遗嘱有法律上的效力吗？

解 析

根据我国法律规定，只要遗嘱人在订立遗嘱时，具有完全民事行为能力，意思表示真实，且遗嘱的形式和内容均不违反法律的规定，该遗嘱就是合法有效的。那么，本案中老宁订立的遗嘱内容是否违反法律的规定呢？《民法典》第一千一百三十三条第三款规定，自然人可以立遗嘱将个人财产赠与国家、集体或者法定继承人以外的组织、个人。这条规定表明，遗嘱人在立遗嘱时，对于遗产的分配具有高度的自由性，只要不违反法律的限制规定，遗嘱人可以选择将遗产留给任何组织、个人。

同时，《民法典》第一千一百四十一条规定，遗嘱应当为缺乏劳动能力又没有生活来源的继承人保留必要的遗产份额。也就是说，遗嘱人在分配遗产时，不应将具有特殊困难的继承人弃之不顾。在上面的案例中，老宁的两个儿子均有自己的工作与收入来源，并不属于法律规定的限制情形的情况，老宁有权决定不将遗产分配给他们。因此，老宁的遗嘱是合法有效的，任何人都不能对遗嘱的执行加以干涉。

法 条

《中华人民共和国民法典》

第一千一百三十三条第三款 自然人可以立遗嘱将个人财产赠与国家、集体或者法定继承人以外的组织、个人。

第一千一百四十一条 遗嘱应当为缺乏劳动能力又没有生活来源的继承人保留必要的遗产份额。

21. 老人与妻子不睦，可以立下遗嘱不给其任何财产吗？

案　情

老丁年轻时是个花花公子，虽然已经结婚了，但还是经常在外面勾三搭四。妻子关某发现后，跑到老丁的单位大闹了一场，让老丁很没面子。老丁想和关某离婚，但朋友劝他，关某持家有道，勤劳能干，是个不可多得的好妻子。老丁听后觉得有道理，便勉强维持着与关某的婚姻。关某为了儿子小丁能有个完整的家庭，也并没有表示异议。虽然没有离婚，但两人之间的感情早已破碎，经常吵架，严重时还会动手。上了年纪后，关某患上了白内障，眼睛几乎失明，没办法工作也没有生活来源，脾气愈发暴躁。老丁越来越无法忍受关某，在订立遗嘱时，故意将自己的全部财产都留给了儿子小丁和孙女蓉蓉。那么，老丁的这份遗嘱有效吗？

解　析

遗嘱人作为其财产的所有人，理应享有对其财产进行处分的权利。法律也充分保障遗嘱人对自己财产的处置权，对遗嘱人分配遗产的行为赋予了高度的自由性。但是，法律同时对这种自由进行了限制：《民法典》第一千一百四十一条规定，遗嘱应当为缺乏劳动能力又没有生活来源的继承人保留必要的遗产份额。继承人和遗嘱人作为家庭成员，应当互相关爱，互帮互助。法律的规定不仅尊重了遗嘱人订立遗嘱的自由，同时也保证了家庭弱势成员的合法权利。

在上面的案例中，老丁与妻子关某感情不和，不想把遗产留给关某继承，但是，老丁应该考虑到，关某几乎失明，没有劳动能力和生活来源，理应受到更多照顾。更何况，关某与老丁是多年夫妻，出于家庭成员之间的情分，老丁也不应对关某置之不顾。在遗产分割时，如果老丁仍旧没有为关某留出必要的遗产份额，可以参照《最高人民法院关于适用〈中华人民共和国民法典〉继承编的解释（一）》第二十五条第一款的规定，为关某留下必要的遗产份额后，剩余的部分再按照老丁遗嘱的意愿，由小丁和蓉蓉进行继承。

法　条

《中华人民共和国民法典》

第一千一百四十一条　遗嘱应当为缺乏劳动能力又没有生活来源的继承人保留必要的遗产份额。

《最高人民法院关于适用〈中华人民共和国民法典〉继承编的解释（一）》

第二十五条　遗嘱人未保留缺乏劳动能力又没有生活来源的继承人的遗产份额，遗产处理时，应当为该继承人留下必要的遗产，所剩余的部分，才可参照遗嘱确定的分配原则处理。

继承人是否缺乏劳动能力又没有生活来源，应当按遗嘱生效时该继承人的具体情况确定。

22. 临终时的口头遗嘱有效吗？

案　情

曾大爷年轻时饮食不规律，久而久之，便得了慢性胃炎，现在年纪大了，更是时常胃疼，经常整晚睡不好觉。曾大爷去医院检查，医生叮嘱他，一定要好好爱护自己的胃，平时注意饮食清淡，千万不要喝酒。曾大爷回家后，严格按照医生的嘱咐，忌口了刺激性食物，平时总喜欢喝几杯的白酒也不喝了。这样坚持了一年，曾大爷胃疼的情况果然有所好转。过年时，儿子小曾带着孩子回来过年，曾大爷一见孙子就喜欢得不得了，高兴得合不拢嘴。吃年夜饭时，曾大爷趁着高兴劲儿，忍不住多喝了几杯白酒。没想到，当天夜里，曾大爷就因为胃出血被送进了急诊，由于出血量过大，医生也回天乏术。曾大爷在弥留之际，请医生和护士作见证，口头上对遗产进行了分配。那么，曾大爷此时所订立的口头遗嘱有法律效力吗？

解　析

根据我国法律的规定，公民有权通过多种方式订立遗嘱，而口头遗嘱就是其中的一种。但是，由于口头遗嘱非常容易被篡改和伪造，因此需要法律对其进行严格的限制。我国《民法典》第一千一百三十八条规定，遗嘱人在危急情况下，可以订立口头遗嘱。口头遗嘱应当有两个以上见证人在场见证。危急情况消除后，遗嘱人能够以书面或者录音录像形式立遗嘱的，所立的口头遗嘱无效。

由此条规定可以看出，口头遗嘱的效力条件有三个：一是必须在遗嘱人危急情况下所立；二是现场应当有两个以上见证人；三是危急情况解除后，遗嘱人能够以其他形式立遗嘱的，口头遗嘱即告失效。

在上面的案例中，曾大爷因胃出血被送进医院抢救，但是抢救无效，曾大爷即将去世。此种情况完全符合法律所规定的

“危急情况”，曾大爷是可以订立口头遗嘱的。曾大爷立遗嘱时，现场有医生和护士作见证，这一点也符合法律对于口头遗嘱见证人的规定。由此可见，曾大爷的遗嘱是合法有效的。

法 条

《中华人民共和国民法典》

第一千一百三十八条 遗嘱人在危急情况下，可以立口头遗嘱。口头遗嘱应当有两个以上见证人在场见证。危急情况消除后，遗嘱人能够以书面或者录音录像形式立遗嘱的，所立的口头遗嘱无效。

23. 打印遗嘱如何才能发生效力?

案 情

一年前，白大爷被查出患了癌症，经过手术治疗后，基本恢复了健康。最近，白大爷又觉得身体有些不舒服，便去医院检查。检查后，医生告知白大爷，他的癌细胞发生了转移，并且已经是晚期了。白大爷回到家，一夜辗转难眠。第二天，他决定将自己的财产早早分配。但是白大爷不认识字，儿女又都在外地工作，他便来到楼下的打印店，由自己口述，并由打印店老板将遗嘱打印出来。过了两个月，白大爷去世了。请问，白大爷生前所订立的打印遗嘱具有法律上的效力吗？如果遗嘱无效，打印遗嘱如何才能发生效力呢？

解 析

所谓打印遗嘱，顾名思义，就是遗嘱人通过打印的方式所订立的遗嘱。此种形式的遗嘱并非由遗嘱人亲笔书写，极其容易被人篡改和捏造。为了保证遗嘱继承的有序进行，我国法律对打印遗嘱的生效条件作出了具体规定。《民法典》第一千一百三十六条规定，打印遗嘱应当有两个以上见证人在场见证。遗嘱人和见证人应当在遗嘱每一页签名，注明年、月、日。也就是说，打印遗嘱的生效条件主要有两个：其一，应当有两个以上见证人在场见证；其二，遗嘱人和见证人均应在每一页都签上姓名和年、月、日。

在上面的案例中，白大爷请打印店老板帮助自己制作打印遗嘱。首先，在遗嘱订立现场，只有白大爷和打印店老板两个人，见证人人数不符合法律的要求。其次，在打印遗嘱订立完成后，白大爷和打印店老板并未在遗嘱上签上姓名和年、月、日，该遗嘱在格式上也不符合法律的规定。由此可见，白大爷订立的打印遗嘱不具有法律效力，白大爷去世后，儿女们只能通过法定继承的方式来继承白大爷的遗产。

法 条

《中华人民共和国民法典》

第一千一百三十六条 打印遗嘱应当有两个以上见证人在场见证。遗嘱人和见证人应当在遗嘱每一页签名，注明年、月、日。

24. 独自录制的视频遗嘱有法律效力吗?

案 情

叶大妈患有糖尿病已经很多年了，为了维持血糖，每天都需要使用药物。随着年纪增大，叶大妈出现了一系列糖尿病并发症。叶大妈被病痛折磨得苦不堪言，但面对儿女，她却表现得云淡风轻，生怕儿女担心，影响他们工作。前几天，医生告诉叶大妈，她的病情已经到了十分凶险的阶段，随时都有可能因为并发症去世。叶大妈听后，决定要早早地把自己的身后事安排好，以防日后儿女起争执。于是，叶大妈瞒着儿女，用手机录下了一段视频，在视频中对自己的财产进行了分配。请问，叶大妈独自录制的视频遗嘱是一份合法有效的遗嘱吗?

解 析

随着科技的发展，更多人开始选择以录音录像的形式来订立自己的遗嘱。视频遗嘱具有便利性和清晰性等多种优点，能够满足不同人群订立遗嘱的需要。但是，在视频遗嘱中只出现遗嘱人的情况下，判断遗嘱人订立遗嘱时是否是出于真实意愿就变成了一个难题。我国《民法典》第一千一百三十七条规定，以录音录像形式订立的遗嘱，应当有两个以上见证人在场见证。遗嘱人和见证人应当在录音录像中记录其姓名或者肖像，以及年、月、日。从这条规定可以看出，并不是任何视频遗嘱都能够具有法律上的效力，只有符合法律规定的限制条件时，视频遗嘱才会发生效力。

在上面的案例中，叶大妈为了不让儿女担心，自己一个人订立了视频遗嘱。由于叶大妈订立遗嘱时并没有见证人见证，法律无法推定叶大妈的意愿是否自由真实，因此叶大妈订立的这份遗嘱是无效的。叶大妈可以向有见证人资格的人提出请求，请他们在现场作见证，并在视频遗嘱中记录肖像或姓名，以及订立遗嘱时的日期，以确保视频遗嘱发生效力。

法　条

《中华人民共和国民法典》

第一千一百三十七条　以录音录像形式立的遗嘱，应当有两个以上见证人在场见证。遗嘱人和见证人应当在录音录像中记录其姓名或者肖像，以及年、月、日。

25. 遗书中写到个人财产如何处分的，算是遗嘱吗？

案　情

老沙年轻时在化工厂工作，由于长期接触化学物质，他患上了严重的肺炎。老沙已经七十八岁了，他明显感觉自己和以前相比呼吸更加费力，并伴有严重的咳嗽和胸痛。小儿子小沙带老沙去医院检查，医生对小沙说，老沙的肺部已经严重萎缩，如果想维持生命，只能靠呼吸机了。老沙得知后，坚决不肯治疗，小沙没办法，只能先回家，准备慢慢劝老沙回心转意。回家后，老沙认为自己这一生已经十分值得了，没必要在生命的最后时刻拖累家人。于是，老沙手写了一封遗书，在遗书中回忆了自己的一生，并交代自己死后遗产由小沙和老伴继承。那么，老沙所写的这份遗书，能够看作老沙的遗嘱吗？

解 析

关于遗书中涉及个人财产处分时能否视作遗嘱的问题，《最高人民法院关于适用〈中华人民共和国民法典〉继承编的解释（一）》第二十七条作出了规定：自然人在遗书中涉及死后个人财产处分的内容，确为死者的真实意思表示，有本人签名并注明了年、月、日，又无相反证据的，可以按自书遗嘱对待。从这条规定中可以得到几个要点：首先，并不是所有遗书中涉及死后个人财产处分的内容都能被视作遗嘱，而是有一定的限制条件；其次，遗书中的该部分内容必须为真实意思表示，且无相反证据；最后，需在遗书上签署本人姓名以及年、月、日。

在上面的案例中，老沙得知自己的生命即将走到尽头，因此写下遗书，并交代了自己死后遗产的继承问题。这些都出于老沙的真实意愿，符合法律的规定。但该遗书还不足以被法律视为遗嘱，老沙应当在遗书上签上自己的姓名以及当天日期，这样，其在遗书中写明的遗产分配内容才能生效。

法 条

《最高人民法院关于适用〈中华人民共和国民法典〉继承编的解释（一）》

第二十七条 自然人在遗书中涉及死后个人财产处分的内容，确为死者的真实意思表示，有本人签名并注明了年、月、日，又无相反证据的，可以按自书遗嘱对待。

26. 遗嘱公证后又自行修改的，哪份遗嘱有效力？

案 情

老甄今年七十五岁，二十年前就患上了慢性关节炎，现在年纪大了，老甄行动愈加不方便，需要有人照顾。由于儿子甄伟和女儿甄荷在赡养问题上始终无法达成一致，老甄为了让他们安心，便与他们签订了赡养协议，并提前拟定了遗嘱，将财产平均分配给两人，到公证机关进行了公证。分配好两人的赡养义务后，甄荷便按照赡养协议所约定的，尽心尽力照顾老甄。甄伟却想："反正遗嘱已经公证了，遗产就是我的，没必要再去伺候人了。"于是，甄伟千方百计逃避赡养义务，不仅不去照顾老甄，还不向老甄给付赡养费。对于甄伟的行为，老甄十分寒心，便自行修改了遗嘱，将大部分遗产留给甄荷继承。那么，老甄修改后的遗嘱有法律效力吗？

解 析

为了能够更好地保障遗嘱人订立遗嘱的自主性，我国《民法典》中删除了原来公证遗嘱效力最优的相关规定。《民法典》第一千一百四十二条规定，遗嘱人可以撤回、变更自己所立的遗嘱……立有数份遗嘱，内容相抵触的，以最后的遗嘱为准。从这条规定可以看出，在我国，公证遗嘱不再具有优先效力，无论遗嘱人的遗嘱是否进行过公证，只要其所订立的最后一份遗嘱是有效遗嘱，就应以该份遗嘱为准进行继承。

在上面的案例中，老甄先是订立了一份公证遗嘱，后来又修改了遗嘱内容。根据法律的规定，只要修改后的遗嘱不违背法律和公序良俗，并且符合法律规定的遗嘱的形式要件，就应当以修改后的遗嘱作为老甄的真实意愿。

法　条

《中华人民共和国民法典》

第一千一百四十二条　遗嘱人可以撤回、变更自己所立的遗嘱。

立遗嘱后，遗嘱人实施与遗嘱内容相反的民事法律行为的，视为对遗嘱相关内容的撤回。

立有数份遗嘱，内容相抵触的，以最后的遗嘱为准。

27. 遗嘱中所涉及的财产被处分后，该遗嘱还有效吗?

案　情

柴大爷育有一子一女，大儿子柴杰经营着一家小公司，小女儿柴荣在物业公司工作。近几年，柴大爷身边的老朋友有不少人都查出患了重症，还有人因为心梗或脑梗突然离世。柴大爷意识到自己也到了这样的年纪，便未雨绸缪，决定先立下遗嘱，将所有财产平均分配给儿子和女儿，避免以后他们之间产生纠纷。三个月前，柴杰突然对柴大爷表示，他的公司破产了，他的财产完全不足以偿还债务，现在每天都被人追债。柴大爷心急如焚，为了帮助儿子，便将房屋卖掉，用来替儿子偿还债务。五年后，柴大爷去世。柴大爷去世后，柴荣要求按照柴大爷的遗嘱分割财产，由于柴大爷的房屋已经出售，柴荣便要求柴杰按照房屋市值对她进行赔偿。请问，柴荣的主张合理吗？

解　析

我国《民法典》第一千一百四十二条第一款和第二款规定，遗嘱人可以撤回、变更自己所立的遗嘱。立遗嘱后，遗嘱人实施与遗嘱内容相反的民事法律行为的，视为对遗嘱相关内容的撤回。从这条规定中可以总结出这些信息：首先，遗嘱订立后并不是一成不变的，是可以更改的；其次，当遗嘱人实施的民事法律行为与遗嘱内容相抵触时，遗嘱内容也随之更改。

在上面的案例中，柴大爷在设立了将所有财产平均分配给儿女的遗嘱后，又对其所有的房屋进行了处分。这一处分房屋的行为，与柴大爷遗嘱中记载的内容是相抵触的，因此，可以将该行为视为柴大爷对遗嘱内容的撤销。也就是说，出卖房屋后，柴大爷的遗嘱内容中就不再包含对房屋的处分，柴荣和柴杰便不能再继承该房屋，柴荣要求柴杰对她进行赔偿的主张是无法得到法律支持的。

法　条

《中华人民共和国民法典》

第一千一百四十二条　遗嘱人可以撤回、变更自己所立的遗嘱。

立遗嘱后，遗嘱人实施与遗嘱内容相反的民事法律行为的，视为对遗嘱相关内容的撤回。

立有数份遗嘱，内容相抵触的，以最后的遗嘱为准。

28. 遗嘱中写明部分遗产附带义务的，继承人不履行义务时，还可以继承其余部分的遗产吗？

案情

老闻有两个儿子，大儿子闻章经营着一家小超市，小儿子闻来天生有智力残疾，无法独立生活。自从老伴去世后，照顾闻来的重担就落在了老闻一个人肩上。老闻如今也年逾古稀，知道自己能陪伴闻来的时间不多了，他担心等自己百年后，闻来会无人照顾。老闻思来想去，决定把这个责任托付给大儿子。老闻与闻章约定，等自己死后，由闻章来照顾闻来，并立下遗嘱，在遗嘱中写明如果闻章好好照顾闻来，便可以继承老闻的房屋，否则，闻章只能继承老闻的十万元存款。老闻去世后，闻章立刻继承了老闻的房屋，却并没有按照约定照顾闻来。那么，在这种情况下，闻章还有权继承老闻的遗产吗？

解析

我国《民法典》第一千一百四十四条规定，遗嘱继承附有义务的，继承人应当履行义务，没有正当理由不履行义务的，经利害关系人或者有关组织请求，人民法院可以取消其接受附义务部分遗产的权利。也就是说，当继承人不履行遗嘱中附有的义务时，其无权继承附义务部分的财产，但并不影响其继承其他部分遗产的权利。

在上面的案例中，老闻订立了一份附有义务的遗嘱，要求闻章只有担负起照顾闻来的责任，才能够继承老闻留下的房屋。

按照法律规定，闻章只有履行了该遗嘱中附有的义务，才有权继承房屋，否则只能继承剩余的十万元遗产。如果闻章坚持无正当理由不履行义务，可以由其他利害关系人或者有关组织（如当地的居民委员会）向法院主张取消闻章继承老闻房屋的权利。

法　条

《中华人民共和国民法典》

第一千一百四十四条　遗嘱继承或者遗赠附有义务的，继承人或者受遗赠人应当履行义务。没有正当理由不履行义务的，经利害关系人或者有关组织请求，人民法院可以取消其接受附义务部分遗产的权利。

29. 怎样处理受遗赠人丧失受遗赠权的遗产？

案　情

毛大爷早年丧妻，唯一的儿子也在两年前遭遇车祸去世。失去唯一的亲人后，毛大爷悲痛交加，身体越来越差，便雇佣了保姆小洪来帮他料理日常生活。小洪为人细心周到，将毛大爷的生活打理得井井有条。久而久之，毛大爷对小洪产生了感情。小洪心想：“反正毛大爷也活不了多久，如果和他在一起，说不定以后他的房子就是我的了。”于是，小洪假意和毛大爷谈起了恋爱，哄着毛大爷立下遗嘱，死后将房子赠送给她。毛大爷立下遗嘱后，小洪每天都睡不安稳，生怕房子的事出现什么变故。思来想去，小洪决定给毛大爷下毒，这样就能提前得到他的房子了。毛大爷毒发身亡后，小洪被警方控制，以故意杀人罪被提起公诉，且丧失了毛大爷遗产的受遗赠权。那么，在这种情况下，毛大爷的遗产该如何处理呢？

解 析

我国《民法典》第一千一百五十四条规定，受遗赠人丧失受遗赠权的，其应受遗赠的部分按照法定继承办理。在上面的案例中，小洪故意杀害了毛大爷，她的行为不仅触犯了刑法，也违反了社会的公序良俗，因此，按照《民法典》的规定，小洪丧失受遗赠的权利。小洪丧失受遗赠权后，毛大爷遗产中本应赠与小洪的房屋应当按照法定继承办理。

但是，毛大爷已经失去了所有亲人，也就是说，他并没有其他法定继承人存在，他的遗产将无人继承或受遗赠。《民法典》第一千一百六十条规定，无人继承又无人受遗赠的遗产，归国家所有，用于公益事业；死者生前是集体所有制组织成员的，归所在集体所有制组织所有。依据该条规定，毛大爷的遗产应当归国家所有。

法 条

《中华人民共和国民法典》

第一千一百五十四条 有下列情形之一的，遗产中的有关部分按照法定继承办理：

（一）遗嘱继承人放弃继承或者受遗赠人放弃受遗赠；

（二）遗嘱继承人丧失继承权或者受遗赠人丧失受遗赠权；

……

第一千一百六十条 无人继承又无人受遗赠的遗产，归国家所有，用于公益事业；死者生前是集体所有制组织成员的，归所在集体所有制组织所有。

30. 遗赠扶养协议可以和谁签订？

案　情

老顾靠务农为生，三十岁时，他听说同村有不少年轻人都去城里赚了大钱。于是，老顾将年仅五岁的儿子小顾留在农村和爷爷奶奶生活，自己与妻子一起来到城里打工。老顾的父母疼孙子，对小顾格外溺爱，久而久之，小顾养成了横行霸道的性格，还不到十八岁就已经成了附近人见人怕的“小霸王”。老顾和妻子工作忙，平时没时间和小顾联系，等接到小顾的消息时，老顾才知道，小顾竟因重伤他人进了少管所。小顾被释放后，将自己糟糕的人生全怪在老顾夫妻身上。他不去找工作，每天只知道向老顾要钱去打麻将。老顾对于小顾的所作所为无可奈何，他知道自己以后是没法指望小顾养老了，便想到通过遗赠扶养协议来保障自己的晚年生活。老顾想知道，他可以和谁签订遗赠扶养协议呢？

解　析

遗赠扶养协议是一种具有双方性、双务性和有偿性的民事法律行为，根据我国《民法典》第一千一百五十八条的规定，自然人可以与继承人以外的组织或者个人签订遗赠扶养协议。按照协议，该组织或者个人承担该自然人生养死葬的义务，享有受遗赠的权利。从这条规定中可以看出，扶养人对被扶养人负有生前扶养、死后丧葬的义务，享有在被扶养人死亡后按照协议取得遗赠财产的权利。同时，我国法律对遗赠扶养协议的主体作出了一定的限制，即扶养人必须为“继承人以外”的组织或者个人。

在上面的案例中，老顾的继承人包括他的父母、妻子和儿子小顾。依据《民法典》的规定，老顾可以和这些人以外的组织或者个人签订遗赠扶养协议，例如当地居委会、村委会，或是其他愿意扶养老顾的个人等。

法 条

《中华人民共和国民法典》

第一千一百五十八条 自然人可以与继承人以外的组织或者个人签订遗赠扶养协议。按照协议，该组织或者个人承担该自然人生养死葬的义务，享有受遗赠的权利。

31. 遗嘱与遗赠扶养协议哪个具有优先效力?

案 情

老裴的儿子小裴在外地工作，很少回家。老伴去世后，老裴便独自一人居住。他深感自己年纪大了，说不定什么时候就会与世长辞，便立下一份遗嘱，将自己所有的遗产留给小裴的儿子继承。当地的居委会得知老裴是一名空巢老人，便安排工作人员小程平时给老裴帮把手。小程性格活泼开朗，对待老人也很有耐心。他一有空，就会来陪老裴聊天，还经常推着老裴的轮椅带他出去遛弯。老裴想到儿子不在身边，担心自己死后无人处理他的丧事，便与小程签订了遗赠扶养协议，约定如果小程能经常来看望他，且在他死后为他好好操办丧事，便将自己的十五万元积蓄作为遗赠赠与小程。请问，在老裴的遗嘱和遗赠扶养协议内容冲突的情况下，哪份更具有优先效力呢？

解 析

要解决上面案例中的问题，先要清楚遗嘱和遗赠扶养协议究竟哪个更具有优先性。《最高人民法院关于适用〈中华人民共和国民法典〉继承编的解释（一）》第三条规定，被继承人生前与他人订有遗赠扶养协议，同时又立有遗嘱的，继承开始后，如果遗赠扶养协议与遗嘱有抵触，按协议处理，与协议抵触的遗嘱全部或者部分无效。这条规定表明，如果遗嘱与遗赠扶养协议发生冲突，毫无疑问，遗赠扶养协议的效力更为优先。

在上面的案例中，老裴先是订立了一份遗嘱，写明自己的全部遗产由小裴的儿子继承，而后又与小程签订了遗赠扶养协议，约定将十五万元积蓄留给小程。很显然，老裴订立的遗嘱与遗赠扶养协议的内容发生了抵触，依据法律的规定，此时遗赠扶养协议具有优先效力。也就是说，在遗产分割时，应当先从老裴的财产中分出十五万元赠与小程，剩下的部分才能由小裴的儿子继承。

法 条

《最高人民法院关于适用〈中华人民共和国民法典〉继承编的解释（一）》

第三条 被继承人生前与他人订有遗赠扶养协议，同时又立有遗嘱的，继承开始后，如果遗赠扶养协议与遗嘱没有抵触，遗产分别按协议和遗嘱处理；如果有抵触，按协议处理，与协议抵触的遗嘱全部或者部分无效。

32. 什么是遗嘱信托?

案　情

莫大爷身体健壮，安安稳稳地活到了八十九岁，从没生过什么病。眼看着自己就要过九十大寿了，莫大爷心里清楚，虽然他现在没什么病痛，但是到了这个年纪，说不定哪天就会出事。于是，莫大爷开始着手准备立遗嘱。在立遗嘱前，他通过各种渠道查询了关于如何设立遗嘱的信息。一天，莫大爷在看报纸时，发现有需要的人可以通过本市的信托机构办理遗嘱信托义务。这是莫大爷头一次听说遗嘱信托，他想知道，究竟什么是遗嘱信托呢？遗嘱信托有什么特点呢？

解　析

我国《民法典》第一千一百三十三条第四款规定，自然人可以依法设立遗嘱信托。所谓信托，也就是信用委托，它是一种理财方式，也是一种特殊的财产管理制度。委托人可以将其财产权委托给受托人，按照自己的意愿，由受托人以受托人的名义来对委托人的财产进行管理和处分。遗嘱信托是信托的一种特殊形式，即委托人通过遗嘱的方式设立，约定在自己死后将自己的财产委托给受托人，让其行使代管遗产、偿还税款债务、进行遗产分割等职责。

遗嘱信托与普通信托最大的不同，主要是遗嘱信托在委托人去世后才开始生效。对于那些想要立遗嘱却不知如何规划，或因遗产数额庞大需要更加专业的遗产管理服务的人来说，遗嘱信托是个不错的选择。

遗嘱信托有其突出的优点。例如，遗嘱信托延续了遗嘱人的意愿，能够基于遗嘱人的意愿，更加专业、有保障地管理、分割遗嘱人的遗产。同时，遗嘱信托还能避免继承人之间关于遗产分割问题产生的纠纷。最后，由于信托财产的独立性，受托人的中立性等特性，还能使遗产分割更加公平合理。

法　条

《中华人民共和国民法典》

第一千一百三十三条第四款　自然人可以依法设立遗嘱信托。

33. 遗产管理人的顺序怎样确定？

案　情

老徐在餐饮行业摸爬滚打四十年，在全国各地开办了十余家连锁餐厅，攒下了不少积蓄。他这一生育有两个子女，大女儿徐梦聪明能干，很有商业头脑，从国外留学回来后便帮助老徐打理餐厅，老徐也有意将自己的产业留给她；小儿子徐峰是个纨绔子弟，工作学习摸不着门路，吃喝玩乐比谁都擅长，老徐也不知该拿他怎么办。正当老徐对遗产分配拿不定主意时，老徐突发心脏病，经抢救无效去世了。老徐去世后，徐梦和徐峰就遗产分割问题争执不下。于是徐梦提出，先确定一个遗产管理人，再慢慢商量遗产分割问题。徐峰同意了她的提议。那么，遗产管理人应当怎样确定呢？

解析

关于遗产管理人的顺序确定问题，我国《民法典》第一千一百四十五条作出了规定：继承开始后，遗嘱执行人为遗产管理人；没有遗嘱执行人的，继承人应当及时推选遗产管理人；继承人未推选的，由继承人共同担任遗产管理人；没有继承人或者继承人均放弃继承的，由被继承人生前住所地的民政部门或者村民委员会担任遗产管理人。

从这条规定中可以看出，在有继承人且继承人未全部放弃继承的情况下，遗产管理人应当按照“遗嘱执行人—继承人推选的人—全体继承人”的顺序来进行确定。在上面的案例中，老徐尚未留下遗嘱就过世了，他的两个继承人徐梦和徐峰也并未放弃继承财产。在这种情况下，应当先由徐梦和徐峰推选出一个人选来担任遗产管理人；两人达不成推选合意的，可以由两人共同担任遗产管理人。

法条

《中华人民共和国民法典》

第一千一百四十五条　继承开始后，遗嘱执行人为遗产管理人；没有遗嘱执行人的，继承人应当及时推选遗产管理人；继承人未推选的，由继承人共同担任遗产管理人；没有继承人或者继承人均放弃继承的，由被继承人生前住所地的民政部门或者村民委员会担任遗产管理人。

34. 什么时候会发生转继承？

案　情

老段身体不好，一生饱受病痛折磨，三天前终因器官衰竭，经抢救无效离世。老段去世后，儿女们便开始着手准备他的丧事。由于女儿段颖身处国外还没赶回来，筹办葬礼的任务就全落在了儿子段华身上。段华向公司请了几天丧葬假，专心处理老段的后事。没过几天，公司就打来电话，催段华回去上班。段华没办法，只好工作和家事两头奔波，最忙时一天只能睡两个小时。他连轴转了几天，心力交瘁，感觉精神有些无法集中。这天，段华在驾车前往墓地的时候，由于过度疲劳，驾驶轿车从桥上坠落，掉入江中不幸身亡。如今老段的遗产还尚未分割，段华却突遭横祸，在这种情况下，本应属于段华的遗产份额能够转继承给他人吗？

解　析

根据我国《民法典》第一千一百五十二条的规定，继承开始后，继承人于遗产分割前死亡，并没有放弃继承的，该继承人应当继承的财产转给其继承人，但是遗嘱另有安排的除外。从这条规定中可以看出，发生转继承要符合以下两个条件：（一）时间条件为继承开始后、遗产分割前；（二）继承人于遗产分割前死亡，且并未放弃继承。

在上面的案例中，老段已经去世，按照法律规定，继承开始于自然人死亡之时，也就是说，老段的遗产已经开始发生继承。在遗产尚未分割前，段华由于车祸去世，去世前，他并未作出明确的放弃继承的意思表示。由此可见，案例中的情形完全符合法律关于转继承的规定，此时段华应得的遗产份额应转给他的继承人继承。如果段华有妻子儿女，其遗产份额由妻子儿女继承；没有妻子儿女的话，其遗产份额由段颖继承。

法 条

《中华人民共和国民法典》

第一千一百五十二条 继承开始后，继承人于遗产分割前死亡，并没有放弃继承的，该继承人应当继承的遗产转给其继承人，但是遗嘱另有安排的除外。

35. 国家或集体取得无人继承且无人受遗赠的遗产后，会如何使用？

案 情

四十年前，钟大爷的妻子因难产过世，两人的孩子也没能来到这个世界上。钟大爷与妻子的感情非常好，妻子去世后，他一直无法忘记妻子，便始终没有再娶。上了年纪后，钟大爷的身体每况愈下，为了能更好地养老，他住进了离家不远的养老院。看到养老院里的其他老人有儿女经常前来看望，钟大爷十分羡慕。他不由想起，自己还有一套房子，也攒下了不少积蓄，自己没有孩子，也没有其他亲人，等他死后，该由谁来继承他的遗产呢？隔壁房间的李大爷告诉他："我听说，没有继承人，遗产会被国家收走，但不知道用来干什么。”听了李大爷的话，钟大爷有了新的疑问，国家取得他的遗产后，会用来做什么呢？

解　析

遗产是每个公民的个人财产，国家通过法律最大程度地保障每一位公民的遗产都能够有人继承。当发生遗产无人继承又无人受遗赠从而归国家所有的情况时，国家也会将这些遗产物尽其用。根据我国《民法典》第一千一百六十条的规定，无人继承又无人受遗赠的遗产，归国家所有，用于公益事业。通过这条规定可以知道，国家取得无人继承又无人受遗赠的遗产后，会将其用于公益事业。

由此可知，上面案例中钟大爷的遗产，将会被国家投入公益事业，如救灾抢险，救助残疾人，发展教育、科学、文化、卫生事业等。作为国家的公民，我们应该相信和热爱国家，国家不会滥用从公民手中取得的财产，而是会将这些财产投入公益事业，使每个人都能生活得更加快乐幸福。

法　条

《中华人民共和国民法典》

第一千一百六十条　无人继承又无人受遗赠的遗产，归国家所有，用于公益事业；死者生前是集体所有制组织成员的，归所在集体所有制组织所有。

36. 既有法定继承又有遗嘱继承时，债务由谁承担？

案　情

老余做了二十几年生意，好不容易才买下一套房子。但他实在没什么生意头脑，在赚钱的同时，也欠了不少外债。为了还钱，老余整天东奔西跑，为了防止日后发生不测，老余事先立下遗嘱，将房子留给儿子小余继承。这几个月里，老余的生意终于有了起色，前不久还谈成了一桩大买卖。买方的十万元刚刚到账，老余就迫不及待地想回家向妻子和儿子报告这个好消息。就在老余开车回家时，一辆卡车突然失控，向老余撞去。老余被送至医院后，经抢救无效身亡。请问，在这种情况下，老余的债务该如何偿还呢？

解　析

本案例涉及的是在既有法定继承又有遗嘱继承的情况下，债务该由哪个继承人来承担的问题。我国《民法典》第一千一百六十三条规定，既有法定继承又有遗嘱继承的，由法定继承人清偿被继承人依法应当缴纳的税款和债务；超过法定继承遗产实际价值部分，由遗嘱继承人以所得遗产清偿。也就是说，被继承人的债务应当先由法定继承人偿还，法定继承人继承的财产不足以偿还债务的，才应当由遗嘱继承人进行偿还。

在上面的案例中，老余在遗嘱中只分配了房屋由儿子来继承，并没有涉及其他财产的分割问题，因此，老余房屋以外的其他遗产应当适用法定继承。那么，老余的债务就应当先以他的其他遗产进行偿还，如果其他遗产无法还清，才能将房屋折价，以房屋折价后的价值为限偿还老余剩余的债务。

法　条

《中华人民共和国民法典》

第一千一百六十三条　既有法定继承又有遗嘱继承、遗赠的，由法定继承人清偿被继承人依法应当缴纳的税款和债务；超过法定继承遗产实际价值部分，由遗嘱继承人和受遗赠人按比例以所得遗产清偿。

37. 遗产管理人有哪些职责?

案　情

牛某是一家企业的总经理，手下有一个秘书小尚。小尚细心踏实，勤快上进，无论什么事情都能很快办好，因此很得牛某信任。牛某有三个孩子，老大经营着一家小公司，目前运营稳定；老二的岳母最近生病，急需钱做手术及后续治疗；老三的孩子明年就要上初中，正为孩子学区房的事忙得焦头烂额。牛某担心自己去世后，他们会因遗产分割问题产生争执，便提前立好了遗嘱。为了使遗产继承更加顺利，牛某在遗嘱中指定小尚作为他的遗产管理人，事后可以获得他遗产的百分之五作为报酬。两年后，牛某因病去世。小尚拿着牛某的遗嘱有些迷茫，他从来没当过遗产管理人，他想知道，作为遗产管理人都有哪些职责呢?

解析

为了使遗产继承更加有序进行，我国《民法典》中新增了遗产管理人制度。对于遗产管理人的职责，《民法典》第一千一百四十七条作出了规定。根据该规定可以得知，遗产管理人的职责主要有六个方面：第一，清理遗产并制作遗产清单；第二，向继承人报告遗产情况；第三，采取必要措施防止遗产毁损、灭失；第四，处理被继承人的债权债务；第五，按照遗嘱或者依照法律规定分割遗产；第六，实施与管理遗产有关的其他必要行为。

在上面的案例中，小尚作为牛某的遗产管理人，可以参照上述法律规定履行自己的职责。除此之外，如果小尚因自己的故意或重大过失给继承人造成损害，则应当承担相应的民事责任。当遗产分割完成后，小尚也有权按照牛某的遗嘱，取得牛某遗产的百分之五作为报酬。

法条

《中华人民共和国民法典》

第一千一百四十七条 遗产管理人应当履行下列职责：

（一）清理遗产并制作遗产清单；

（二）向继承人报告遗产情况；

（三）采取必要措施防止遗产毁损、灭失；

（四）处理被继承人的债权债务；

（五）按照遗嘱或者依照法律规定分割遗产；

（六）实施与管理遗产有关的其他必要行为。

第五章

消费维权

1. 消费者因保健品虚假广告受到人身损害的，应当由谁承担责任？

案　情

D市健康咨询公司在宣传册上发布广告，声称："本公司出售的健康花青素可以减缓动脉粥样硬化的形成，对心脑血管疾病有很好的疗效；同时还能改善阿尔茨海默症的临床症状。健康花青素是迄今为止纯度最高、生物活性最强的纯植物保健品，健康、安全。"孙奶奶傍晚散步回家，路过该健康咨询有限公司，该公司的工作人员发给孙奶奶一本宣传册，孙奶奶看了宣传册上的广告，听了工作人员的介绍后，马上就心动了，立即购买了健康花青素。然而，孙奶奶服用这款保健品之后，不仅没有任何效果，反而高血压还变得更加严重了。那么，消费者因保健品虚假广告受到人身损害的，应当由谁承担责任？

解　析

消费者因保健品虚假广告受到人身损害的，广告主、广告经营者、广告发布者、广告代言人、经营者都有可能承担责任。根据我国《广告法》的规定，广告以虚假或者引人误解的内容欺骗、误导消费者的，构成虚假广告。健康花青素对心脑血管疾病并没有任何疗效，而经营者却称它"对心脑血管疾病有很好的疗效"，影响了消费者的购买决策，经营者的宣传与实际情况不符，属于虚假广告。关系到消费者生命健康的商品的虚假广告，造成消费者损害的，由广告经营者、广告发布者、广告代言人与广告主承担连带责任。孙奶奶在服用保健品之后，不但没有疗效，还加重了病情，生命健康受到了损害，因此，孙奶奶可以要求广告的发布者D市健康咨询公司与广告经营者（为D市健康咨询公司设计广告的公司）承担连带责任。最后，D市健康咨询公司不仅是广告的发布者也是经营者，经营者利用虚假宣传方式使消费者购买了商品，消费者孙奶奶有权要求经营者D市健康咨询公司赔偿，此外，孙奶奶还可以向市场监督管理局反映情况，请求相关部门对广告经营者和发布者予以惩处。

法　条

《中华人民共和国广告法》

第二十八条　广告以虚假或者引人误解的内容欺骗、误导消费者的，构成虚假广告。

广告有下列情形之一的，为虚假广告：

……

（二）商品的性能、功能、产地、用途、质量、规格、成分、价格、生产者、有效期限、销售状况、曾获荣誉等信息，或者服务的内容、提供者、形式、质量、价格、销售状况、曾获荣誉等信息，以及与商品或者服务有关的允诺等信息与实际情况不符，对购买行为有实质性影响的；

……

（五）以虚假或者引人误解的内容欺骗、误导消费者的其他情形。

第五十六条　违反本法规定，发布虚假广告，欺骗、误导消费者，使购买商品或者接受服务的消费者的合法权益受到损害的，由广告主依法承担民事责任。广告经营者、广告发布者不能提供广告主的真实名称、地址和有效联系方式的，消费者可以要求广告经营者、广告发布者先行赔偿。

关系消费者生命健康的商品或者服务的虚假广告，造成消费者损害的，其广告经营者、广告发布者、广告代言人应当与广告主承担连带责任。

前款规定以外的商品或者服务的虚假广告，造成消费者损害的，其广告经营者、广告发布者、广告代言人，明知或者应知广告虚假仍设计、制作、代理、发布或者作推荐、证明的，应当与广告主承担连带责任。

《中华人民共和国消费者权益保护法》

第四十五条　消费者因经营者利用虚假广告或者其他虚假宣传方式提供商品或者服务，其合法权益受到损害的，可以向经营者要求赔偿。广告经营者、发布者发布虚假广告的，消费者可以请求行政主管部门予以惩处。广告经营者、发布者不能提供经营者的真实名称、地址和有效联系方式的，应当承担赔偿责任。

广告经营者、发布者设计、制作、发布关系消费者生命健康商品或者服务的虚假广告，造成消费者损害的，应当与提供该商品或者服务的经营者承担连带责任。

社会团体或者其他组织、个人在关系消费者生命健康商品或者服务的虚假广告或者其他虚假宣传中向消费者推荐商品或者服务，造成消费者损害的，应当与提供该商品或者服务的经营者承担连带责任。

2. 偷拿超市东西后，交涉期间突发疾病死亡的，超市需要承担责任吗？

案　情

七十三岁的魏某在超市购物时，给孙子偷拿了几块巧克力放在口袋中，未结账便欲离开。超市工作人员发现后将其拦下询问，并无大幅度动作或者过激言语。在被群众围观之际，魏某有些激动，说着说着就突然倒地，不省人事了。超市工作人员见状，便及时拨打120求救，同时也拨打了110报警电话。不幸的是，魏某还是经抢救无效死亡，死亡原因为心梗发作。魏某的家属认为超市应对魏某的死亡承担责任，于是向区人民法院起诉，要求超市赔偿三十八万元。一审法院审理后，判决驳回原告的全部诉求。魏某的家属不服一审判决，向市中级人民法院提起上诉，请求撤销原审判决。那么，超市是否应该承担赔偿责任呢？

解　析

顾客在超市内死亡，超市是否应当承担赔偿责任，不能简单以顾客为“弱势群体”或“死者为大”为由，让超市承担赔偿责任或补偿责任，而应结合法律和事实作出分析和认定。

根据《民法典》第一千一百六十五条第一款规定，行为人因过错侵害他人民事权益造成损害的，应当承担侵权责任。本案中超市工作人员发现魏某的不当行为后即与其交涉，其目的是维护超市正常的经营秩序，制止不当行为，且双方并无大幅度的动作、过激的言语，超市的做法在合理限度范围内，对于魏某猝死的结果，超市工作人员并无过错。

根据《民法典》第一千一百九十八条第一款的规定，宾馆、商场、银行、车站、机场、体育场馆、娱乐场所等经营场所、公共场所的经营者、管理者或者群众性活动的组织者，未尽到安全保障义务，造成他人损害的，应当承担侵权责任。本案中，超市未对魏某实施胁迫或言语攻击，亦未限制魏某人身自由，且在其发病后，第一时间拨打120急救电话，尽到了安全保障义务。魏某的死亡系自身疾病所导致，即使超市工作人员将其拦下，导致其被群众围观，面子上过不去，心情激动诱发心梗，也是因为魏某的不当行为在先。超市的做法并无不妥，不应承担赔偿责任。

法　条

《中华人民共和国民法典》

第一千一百六十五条第一款　行为人因过错侵害他人民事权益造成损害的，应当承担侵权责任。

第一千一百九十八条第一款　宾馆、商场、银行、车站、机场、体育场馆、娱乐场所等经营场所、公共场所的经营者、管理者或者群众性活动的组织者，未尽到安全保障义务，造成他人损害的，应当承担侵权责任。

3. 网购的商品未经本人同意，被他人代收，应当由谁担责？

案　情

王爷爷今年六十六岁，他现在用的手机是老年机，音量很大但是功能很简单。王爷爷听说智能手机上网方便，还可以和子女们视频聊天，就打算买一部。他得知网上智能手机品类更多，物流速度也很快，于是自己试着在某网站选购了某品牌的一部智能手机。没想到，半个月过去了，王爷爷还是没有收到手机，他很纳闷怎么回事，儿子从网站上查询后告诉他，手机早在十天前就被他人代收了。王爷爷不知所措，网购的商品被他人代收，应该由谁担责呢？这件事他应该去找谁呢？

解　析

随着互联网技术的发展，网络购物的优势凸显出来，越来越多的人选择在网上购买自己需要的商品。然而，网购的良好发展不仅需要电商企业的支持，还需要快递服务企业的配合，以确保消费者购买的商品能够及时送达。根据我国《电子商务法》第五十二条第一款和第二款的规定，快递公司应当遵守关于物流时效的规定，同时，还应当将商品交付收货人，由其当面查验，当然，也可以经收货人同意后交由他人代收。

具体到上面的案例中，在王爷爷购买手机后，未经王爷爷本人同意，快递公司就将手机交由他人代收，已经违反了法律的规定，严重侵害了王爷爷的权益，王爷爷可以找到快递公司，要求其赔偿损失。

法　条

《中华人民共和国电子商务法》

第五十二条第一款　电子商务当事人可以约定采用快递物流方式交付商品。

第二款　快递物流服务提供者为电子商务提供快递物流服务，应当遵守法律、行政法规，并应当符合承诺的服务规范和时限。快递物流服务提供者在交付商品时，应当提示收货人当面查验；交由他人代收的，应当经收货人同意。

4. 超市能否将促销商品的保质期用胶带遮住?

案　情

今年5月，张奶奶搬到新家居住。新家的旁边有一个大型超市，需要为新家添置东西的张奶奶经常在这里购物，成为了这家超市的常客。一天，张奶奶在超市看到某品牌的果酒正在促销，买一瓶送一瓶，张奶奶很是心动，准备买两瓶，好等暖房的时候请老朋友们品尝一下。张奶奶选购入口的食物时一般都会看这些商品的保质期。但是，该果酒的保质期正好被胶带遮住了。张奶奶找到导购员，请他们将胶带去掉看一下保质期，却被导购员拒绝了。那么，超市能否将促销商品的保质期用胶带遮住?

解析

作为消费者，在选购商品时，我们只有全面地了解商品信息，才能购买到合意的商品。因此，我国《消费者权益保护法》第八条明确赋予了消费者知情权。顾名思义，消费者知情权是指消费者在选购商品时，有权知悉其购买的商品真实的情况，包括商品的价格、产地、生产者、用途、性能等。同时，该法第二十条第一款还明确规定商家应提供以上信息，不得作虚假宣传。换言之，商家应该提供包括商品的保质期、合格证明、使用说明、成分、规格等在内的信息，让顾客知晓商品的真实情况。

具体到上面的案例中，超市的促销员用胶带将果酒的保质期给遮住，让张奶奶无法知道果酒的保质期，侵犯了张奶奶的知情权，超市的做法是错误的。

法条

《中华人民共和国消费者权益保护法》

第八条 消费者享有知悉其购买、使用的商品或者接受的服务的真实情况的权利。

消费者有权根据商品或者服务的不同情况，要求经营者提供商品的价格、产地、生产者、用途、性能、规格、等级、主要成份、生产日期、有效期限、检验合格证明、使用方法说明书、售后服务，或者服务的内容、规格、费用等有关情况。

第二十条第一款 经营者向消费者提供有关商品或者服务的质量、性能、用途、有效期限等信息，应当真实、全面，不得作虚假或者引人误解的宣传。

5. 商场需要为出售的特价商品承担质量保障责任吗？

案 情

几天前，蒋爷爷和自己的老伴吴奶奶逛商场时，发现有一款连衣裙正在做特价活动，仅需九十九元。吴奶奶试穿了这件裙子后，蒋爷爷觉得很合适，正好价格也便宜，就买了下来。这天，吴奶奶要出门和老姐妹们聚会，准备穿上这件新裙子时，却发现裙子背后有一片污渍，而且线头很多，还有脱线的地方。吴奶奶觉得很生气，和蒋爷爷回到商场理论，商场导购员却以特价商品不退不换为由敷衍他们。那么请问，吴奶奶可以要求商场为出售的特价商品承担质量保障责任吗？

解 析

在商场促销之时，很多顾客为了购买到物美价廉的心仪商品，常常会果断下单，但是，对于这些特价商品，商场需要承担质量保障责任吗？我国《零售商促销行为管理办法》第十二条规定，零售商开展促销活动，不得降低促销商品的质量和售后服务水平。同时，根据我国《消费者权益保护法》第二十四条的规定，经营者提供的商品不符合质量要求的，消费者可以依照国家规定、当事人约定退货，或者要求经营者履行更换、修理等义务。换言之，对于特价商品，消费者也可以要求商场履行退、换货的义务。

具体到上面的案例中，吴奶奶买到的特价裙子线头多，有脱线，还有污渍，存在质量问题，她可以要求商场承担质量保障责任，要求商场退货或者换货，这与商场是否在做特价活动并无关系。

法 条

《中华人民共和国消费者权益保护法》

第二十四条第一款 经营者提供的商品或者服务不符合质量要求的，消费者可以依照国家规定、当事人约定退货，或者要求经营者履行更换、修理等义务。没有国家规定和当事人约定的，消费者可以自收到商品之日起七日内退货；七日后符合法定解除合同条件的，消费者可以及时退货，不符合法定解除合同条件的，可以要求经营者履行更换、修理等义务。

《零售商促销行为管理办法》

第十二条 零售商开展促销活动，不得降低促销商品（包括有奖销售的奖品、赠品）的质量和售后服务水平，不得将质量不合格的物品作为奖品、赠品。

6. 赠品质量不好，消费者是否只能自认倒霉？

案 情

6月初，张爷爷的儿子乔迁新居，张爷爷在商场购物的时候，看到某品牌电冰箱正在做活动，物美价廉。于是，张爷爷买了一台电冰箱作为儿子搬新家的礼物。买电冰箱的时候，商场还送了一个电水壶作为赠品。张爷爷自己家里的电水壶正好坏了，他就把电水壶拿回家自己用。然而，没用几天，张爷爷就发现这个电水壶壶底漏水，根本没有办法正常使用。张爷爷想知道，作为赠品的电水壶质量不好，自己可以去找商场吗？还是只能自认倒霉？

解 析

商场做促销活动的时候，经常会推出“买一送一”等促销方案，消费者也非常热衷于享受买赠商品的感觉。然而，商家赠送的赠品如果出现质量问题，我们是否只能自认倒霉呢？事实上，作为消费者，我们得到赠品也是为了正常使用，如果其存在质量问题，我们是有权要求商场承担相应责任的。根据我国《零售商促销行为管理办法》第十二条、《消费者权益保护法》第二十三条第一款的规定，商场促销时不得将质量不合格的物品作为奖品、赠品，商场应当保证赠品的质量，除非消费者明知赠品是有瑕疵的。

具体到上面的案例中，张爷爷买冰箱获赠的电水壶存在质量问题，根本无法正常使用，张爷爷可以要求商场换货。

法 条

《中华人民共和国消费者权益保护法》

第二十三条第一款 经营者应当保证在正常使用商品或者接受服务的情况下其提供的商品或者服务应当具有的质量、性能、用途和有效期限；但消费者在购买该商品或者接受该服务前已经知道其存在瑕疵，且存在该瑕疵不违反法律强制性规定的除外。

《零售商促销行为管理办法》

第十二条 零售商开展促销活动，不得降低促销商品（包括有奖销售的奖品、赠品）的质量和售后服务水平，不得将质量不合格的物品作为奖品、赠品。

7. 饭店以做特价活动为由不给顾客开发票，合法吗？

案　情

某天，温爷爷和周奶奶像往常一样，在小区周围的花园里散步。散步的途中，周奶奶接到一张传单，上面说附近新开的一家烤肉店正在做特价活动，双人套餐仅需六十八元。周奶奶就和温爷爷商量着一起去试试这家新开的店铺。两人找到烤肉店，吃完饭后，觉得味道还不错。付款时，温爷爷要求烤肉店开具发票，却被拒绝了，烤肉店称温爷爷消费的是特价套餐，不能开具发票。那么，烤肉店的说法正确吗？

解　析

顾客消费后要求商家出具的发票，不仅仅是一张消费单据，更是日后维权的证明和凭证。对于发票问题，根据我国《发票管理办法》第十九条的规定，销售商品、提供服务方应当向付款方开具发票。《消费者权益保护法》第二十二条也明确规定，消费者索要发票的，经营者应当提供。也就是说，开具发票和经营者是否打折、做特价活动毫无关系，经营者不能以做特价活动为由拒绝向消费者提供发票，消费者享有要求经营者开具发票的权利。

具体到上面的案例中，周奶奶和温爷爷在烤肉店吃特价套餐，这是该烤肉店进行的促销活动，与其出具发票的义务并无关联。饭店拒绝提供发票的行为，已经违反了法律的规定，温爷爷可以向相关部门投诉，规范饭店的行为。

法　条

《中华人民共和国消费者权益保护法》

第二十二条　经营者提供商品或者服务，应当按照国家有关规定或者商业惯例向消费者出具发票等购货凭证或者服务单据；消费者索要发票等购货凭证或者服务单据的，经营者必须出具。

《中华人民共和国发票管理办法》

第十九条　销售商品、提供服务以及从事其他经营活动的单位和个人，对外发生经营业务收取款项，收款方应当向付款方开具发票；特殊情况下，由付款方向收款方开具发票。

8. 商家的最终解释权应当如何理解？

案　情

郑奶奶家附近新开了一家理发店，最近在做活动，可以办卡充值成为 VIP 客户，之后可以长期享受六折优惠。郑奶奶很是心动，在体验了理发店的服务后，就充值办了一张会员卡。两个月后，郑奶奶再次来到该理发店烫发，出示会员卡结账时，却被告知只能享受九折优惠。郑奶奶很疑惑，这与该理发店之前的说法并不相符。店员解释道，郑奶奶的的消费金额不足，自动降级，只能享受九折优惠。同时，店员拿出会员办理细则给郑奶奶看，细则显示“会员卡的最终解释权归本店所有”。那么，商家的做法正确吗？该如何理解理发店的最终解释权呢？

解析

很多商家在做活动时，经常会注明“商家具有最终解释权”，对于这种解释权，应该如何理解呢？根据我国《零售商促销行为管理办法》第六条和第七条的规定，开展促销活动之时，商家应该明确促销的内容，不能以最终解释权为由侵犯消费者的权益，对于促销的内容、原因、方式、条件等应当明示。换言之，对于商家的最终解释权，法律是有所限制的，促销活动的内容本身应当真实、清晰，不能引起误解，也不得随意变更，商家的最终解释权不得与法律相违背、抵触，否则无效。

具体到上面的案例中，理发店在办卡的时候，没有告诉郑奶奶会因为消费金额不足而降低会员卡级别，也没有在郑奶奶消费前告知其相应的规则，仅以“最终解释权”为由解释其会员卡的结算方法，已经严重地损害了郑奶奶作为消费者的合法权益，郑奶奶可以向有关部门投诉，制止这种恶劣的行为。

法条

《零售商促销行为管理办法》

第六条 零售商促销活动的广告和其他宣传，其内容应当真实、合法、清晰、易懂，不得使用含糊、易引起误解的语言、文字、图片或影像。不得以保留最终解释权为由，损害消费者的合法权益。

第七条 零售商开展促销活动，应当在经营场所的显著位置明示促销内容，促销内容应当包括促销原因、促销方式、促销规则、促销期限、促销商品的范围，以及相关限制性条件等。

对不参加促销活动的柜台或商品，应当明示，并不得宣称全场促销；明示例外商品、含有限制性条件、附加条件的促销规则时，其文字、图片应当醒目明确。

零售商开展促销活动后在明示期限内不得变更促销内容，因不可抗力而导致的变更除外。

9. 购买的没有开具发票的商品出现质量问题，消费者可以要求换货吗？

案　情

李爷爷在路过某家鞋店的时候，正好赶上该店做活动促销，李爷爷觉得有一双皮鞋款式不错，穿着很舒服，价格也合适，就买了下来。在买鞋的时候，鞋店以促销活动火爆发票用完了为由，没有开具发票。过了一段时间，李爷爷把这双皮鞋拿出来穿，才穿了三天，就发现皮鞋脱胶了，存在质量问题。李爷爷便找到鞋店，要求鞋店给自己换货，鞋店却以李爷爷不能提供发票为由拒绝了他的请求。那么，购买的没有发票的商品出现质量问题，消费者可以要求换货吗？

解　析

对于没有开具发票的商品，消费者是否可以申请退换货呢？根据我国《消费者权益保护法》第二十二条的规定，商家应当向消费者出具发票，无论其商品是否促销。同时，该法第二十四条同时明确规定，商品不符合质量要求的，消费者可以依照国家规定、当事人约定退货，或者要求经营者履行更换、修理等义务。换言之，商家是否开具发票和商家是否提供售后服务，两种行为之间并无因果关系，商家不能以消费者无法提供发票为由拒绝提供售后服务。

具体到上面的案例中，李爷爷买鞋时未拿到发票，出现质量问题后，商家以无法提供发票为由拒绝李爷爷的换货要求，这是不合法的，李爷爷可以向消费者协会等部门投诉该商家的行为。李爷爷的事例也提醒我们，在购物时，应当向商家索要发票作为购物的凭证，以免商品出现质量等问题后引发纠纷。

法 条

《中华人民共和国消费者权益保护法》

第二十二条 经营者提供商品或者服务，应当按照国家有关规定或者商业惯例向消费者出具发票等购货凭证或者服务单据；消费者索要发票等购货凭证或者服务单据的，经营者必须出具。

第二十四条第一款 经营者提供的商品或者服务不符合质量要求的，消费者可以依照国家规定、当事人约定退货，或者要求经营者履行更换、修理等义务。没有国家规定和当事人约定的，消费者可以自收到商品之日起七日内退货；七日后符合法定解除合同条件的，消费者可以及时退货，不符合法定解除合同条件的，可以要求经营者履行更换、修理等义务。

第六章

旅游出行

1. 员工越权签订旅游合同，旅行社是否有义务履行？

案　情

希望旅行社是一家主打韩国旅游的旅行社，2019 年，希望旅行社的员工贾某将“新年旅韩”套餐推销给红太阳广场舞团的阿姨们，在贾某绘声绘色地描述下，共有 30 位阿姨购买了 2020 年的“新年旅韩”套餐，并签订了盖有希望旅行社专用章的合同。后受 2020 年疫情影响，国外旅行无法实现，于是红太阳广场舞团的阿姨们便要求希望旅行社退还“新年旅韩”套餐的报名费用并赔偿相应的违约金。而希望旅行社的答复却是贾某虽是旅行社的员工，但是不具有单方面对外签订协议的资格，所以双方的协议并未生效，旅行社不需要支付相应的违约金。那么，红太阳广场舞团的阿姨们签订的旅游合同是否有效呢？

解　析

随着社会的发展，老年人追求精神满足和生活愉悦的愿望越来越强烈。结伴旅游成为老年人体验退休生活的一种方式，由此而产生的纠纷也逐渐成为老年群体维权的典型。旅游合同是否成立，不仅事关老年人群体利益的保护，更重要的是其所代表的旅游行业的规范性。根据《民法典》第一百七十二条的规定，行为人没有代理权、超越代理权或者代理权终止后，仍然实施代理行为，相对人有理由相信行为人有代理权的，代理行为有效。依据该规定，不能一味认定越权代理无效，而是要根据相关事实判断合同的效力。

在上面的案例中，虽然希望旅行社认为贾某作为公司员工不具有单独与客户签订合同的权利，但是贾某所持证件是希望旅行社发布的，贾某出具的合同上所盖的公章也是希望旅行社的公章。这一切使得作为合同相对人的红太阳广场舞团的阿姨们有理由相信贾某有权利代表希望旅行社签订并履行合同。根据《民法典》第一百七十二条的规定，可以认定贾某具有代理权。同时，根据公平原则，若不出现疫情，贾某越权签订的合同就会继续施行，旅行社也会因此盈利。所以根据权责一致的理念，也可以认定贾某越权代理签订的合同对旅行社有约束效力，旅行社有义务履行。

法 条

《中华人民共和国民法典》

第六条 民事主体从事民事活动，应当遵循公平原则，合理确定各方的权利和义务。

第一百七十二条 行为人没有代理权、超越代理权或者代理权终止后，仍然实施代理行为，相对人有理由相信行为人有代理权的，代理行为有效。

2. 旅行社可以擅自安排购物的行程吗？游客应如何维权？

案 情

今年四月，蒋奶奶和邻居朱奶奶相约一起到某自然风景区游玩。由于两个人年龄都较大，出门在外总有不方便的时候，蒋奶奶便想着跟团游有旅行社安排行程，要方便一些。于是二人报了一个旅行团。在游玩的第一天，导游就让司机把游客们带到了某购物场所，在购物场所停留了三个小时，还说这是隐藏行程，是给团员们的福利，购物场所里的商品都是当地的特色。此后，每天的行程中都有两个小时的购物安排。蒋奶奶很生气，旅行社能够擅自安排购物的行程吗？她们应该如何维权呢？

解　析

旅行本身是游客们放松身心，了解其他地方文化特色的一种方式，如果旅行社安排太多的购物行程，将影响游客们的旅游体验。因此，我国《旅游法》在第三十五条中明确规定了旅行社不得指定具体购物场所，不得通过安排购物获取不正当利益。如果旅行社存在上述行为的，旅游者有权在行程结束后三十日内，要求旅行社为其办理退货并先行垫付退货货款。同时，根据该法第九十八条的规定，游客还可以向旅游主管部门投诉，请求旅游主管部门对旅行社进行行政处罚。

具体到上面的案例中，蒋奶奶和朱奶奶在自然风景区的旅行被旅行社安排了很多购物行程，已经严重影响到了她们的旅行体验，也违法了法律的规定，她们可以在行程结束后要求旅行社办理退货并垫付货款。同时，她们还可以向旅游主管部门投诉，由旅游主管部门对旅行社进行处罚，以避免该旅行社再次出现这种行为。

法　条

《中华人民共和国旅游法》

第三十五条　旅行社不得以不合理的低价组织旅游活动，

诱骗旅游者，并通过安排购物或者另行付费旅游项目获取回扣等不正当利益。

旅行社组织、接待旅游者，不得指定具体购物场所，不得安排另行付费旅游项目。但是，经双方协商一致或者旅游者要求，且不影响其他旅游者行程安排的除外。

发生违反前两款规定情形的，旅游者有权在旅游行程结束后三十日内，要求旅行社为其办理退货并先行垫付退货货款，或者退还另行付费旅游项目的费用。

第九十八条 旅行社违反本法第三十五条规定的，由旅游主管部门责令改正，没收违法所得，责令停业整顿，并处三万元以上三十万元以下罚款；违法所得三十万元以上的，并处违法所得一倍以上五倍以下罚款；情节严重的，吊销旅行社业务经营许可证；对直接负责的主管人员和其他直接责任人员，没收违法所得，处二千元以上二万以下罚款，并暂扣或者吊销导游证。

3. 旅行团的行程与宣传的信息不符，应当如何处理？

案 情

周爷爷和吴奶奶今年已经结婚五十年了，为了纪念五十周年结婚纪念日，两人准备回到当初他们相遇的城市旅游。为此，周爷爷和吴奶奶一起到某旅行社咨询，导游称他们最近有一个旅行团正好规划到该城市旅游，二人当场就报名旅行团并签了合同。但是，在实际游玩的过程中，周爷爷和吴奶奶发现旅行团的行程和宣传的信息不符，旅行团真正的行程里并没有两人相遇城市的游览计划。而且，旅行团宣称所住酒店为四星级以上，但实际入住的酒店并没有达到标准。周爷爷很是生气，认为旅行社的行为毁了自己与妻子的五十周年纪念游。那么，周爷爷可以如何处理呢？

解 析

在生活中，一些旅行社为了吸引更多的人报名，常常会夸大宣传旅行的信息，甚至存在虚假宣传的情况。而我国《旅游法》第三十二条明确禁止旅行社虚假宣传，并且规定旅行社发布的信息必须真实、准确。同时，根据该法第七十条第一款的规定，如果旅行社没有按照约定安排行程，游客可以要求旅行社承担继续履行、采取补救措施或者赔偿损失等违约责任。换言之，如果旅行社虚假宣传，游客有权要求旅行社承担违约责任。

具体到上面的案例中，旅行团宣传的行程与实际不符，并且实际入住的酒店也和约定不一致，已经构成违约，严重影响了周爷爷和吴奶奶的旅行体验，周爷爷可以保留相关的证据，要求旅行社承担违约责任，赔偿损失。

法 条

《中华人民共和国旅游法》

第三十二条 旅行社为招徕、组织旅游者发布信息，必须真实、准确，不得进行虚假宣传，误导旅游者。

第七十条第一款 旅行社不履行包价旅游合同义务或者履行合同义务不符合约定的，应当依法承担继续履行、采取补救措施或者赔偿损失等违约责任；造成旅游者人身损害、财产损失的，应当依法承担赔偿责任。旅行社具备履行条件，经旅游者要求仍拒绝履行合同，造成旅游者人身损害、滞留等严重后果的，旅游者还可以要求旅行社支付旅游费用一倍以上三倍以下的赔偿金。

4. 由于旅行社的原因导致游客受伤的，如何处理？

案 情

刘阿姨想去某海岛游玩，便和某旅行社签订了旅游合同，报名参加了该海岛的五日游行程，费用三千元。在去海岛的路上，由于当天的风浪较大，到岛上需要乘坐轮船。刘阿姨考虑到自己年纪已经不小了，而甲板上有不少积水，便提出让船员将积水打扫一下，乘客们再上去。但是，导游认为，船员打扫积水会耽误时间影响整个行程，便拒绝了刘阿姨的请求，坚持按照既定行程乘船。结果在轮船行驶的过程中，刘阿姨上厕所时摔倒受伤了。那么，由于旅行社的原因导致游客受伤的，如何处理？

解 析

由于旅游社的原因导致游客受伤的，旅行社应当承担责任，这是毫无疑问的。对此，我国《旅游法》第七十条第一款规定，旅行社不履行包价旅游合同义务或者履行合同义务不符合约定，造成旅游者人身损害、财产损失的，应当依法承担赔偿责任。换言之，旅行社本身就有保障旅客安全旅游的义务，如果旅行社因自身原因导致乘客受伤，应当赔偿损失。

具体到上面的案例中，导游没有尽到安全保障义务，使得刘阿姨在乘船的过程中摔倒受伤，旅行社应当承担责任，刘阿姨可以要求旅行社赔偿自己的损失。

法 条

《中华人民共和国旅游法》

第七十条 旅行社不履行包价旅游合同义务或者履行合同义务不符合约定的，应当依法承担继续履行、采取补救措施或者赔偿损失等违约责任；造成旅游者人身损害、财产损失的，应当依法承担赔偿责任。旅行社具备履行条件，经旅游者要求仍拒绝履行合同，造成旅游者人身损害、滞留等严重后果的，旅游者还可以要求旅行社支付旅游费用一倍以上三倍以下的赔偿金。

由于旅游者自身原因导致包价旅游合同不能履行或者不能按照约定履行，或者造成旅游者人身损害、财产损失的，旅行社不承担责任。

在旅游者自行安排活动期间，旅行社未尽到安全提示、救助义务的，应当对旅游者的人身损害、财产损失承担相应责任。

5. 游客因为自身原因受伤的，旅行社承担责任吗？

案 情

赵爷爷是一名退休军人。最近，赵爷爷和老伴钱奶奶报了一个旅行团，去某自然风景区旅游。旅行途中，赵爷爷和钱奶奶住在某酒店二楼，两人出门吃饭的时候，忘了带房卡。在钱奶奶联系前台开门的时候，赵爷爷敲开了隔壁房间的门，发现两个房间的阳台隔得很近，赵爷爷觉得自己能够通过隔壁房间的阳台跳进自己所住的房间。结果赵爷爷在跳过阳台的时候，错估了自己的实力，不慎摔伤了。那么，对于赵爷爷的受伤，旅行社需要承担相应的责任吗？

解 析

对于旅客在游玩过程中的安全，旅行社是有安全保障义务的。根据我国《旅游法》第八十条的规定，旅游经营者应当就旅游活动中可能危及旅游者人身、财产安全的情形以明示的方式事先向旅游者作出说明或者警示，包括但不限于正确使用相关设施、设备的方法，必要的安全防范和应急措施。然而，如果是由于旅游者自身原因造成受伤的，根据该法第七十条第二款的规定，旅行社不承担责任。换言之，旅行社虽然对游客负有安全保障义务，应当告知旅客可能危及其人身安全的情形，但如果旅客是因为自身原因受伤的，旅行社无需担责，否则就加重了旅行社的安全保障责任和义务。

具体到上面的案例中，赵爷爷明明可以找前台拿房卡，却选择了从隔壁房间的阳台跳进自己房间的危险方法，因而导致自己摔倒受伤，这明显是由于自身原因而受伤的，旅行社无需承担相应的责任。

法 条

《中华人民共和国旅游法》

第七十条第二款 由于旅游者自身原因导致包价旅游合同不能履行或者不能按照约定履行，或者造成旅游者人身损害、财产损失的，旅行社不承担责任。

第八十条 旅游经营者应当就旅游活动中的下列事项，以明示的方式事先向旅游者作出说明或者警示：

（一）正确使用相关设施、设备的方法；

（二）必要的安全防范和应急措施；

（三）未向旅游者开放的经营、服务场所和设施、设备；

（四）不适宜参加相关活动的群体；

（五）可能危及旅游者人身、财产安全的其他情形。

6. 游客可以把在国外买的水果带回国吗？

案 情

前不久，王奶奶的孙子带着王奶奶去泰国旅游。在泰国旅游的时候，王奶奶吃到了很多热带水果，如芒果、榴莲等，不仅味道非常好，价格还比国内便宜。正好，王奶奶的老伴李爷爷很喜欢吃芒果，王奶奶就准备在泰国买一些芒果，带回去给李爷爷尝尝。但是，王奶奶的孙子告诉她，国外的水果不能带回国内。那么，王奶奶孙子的说法对吗？外出旅游时可以把国外买的水果带回国内吗？

解 析

在国外旅游的时候，我们常常可以吃到很多物美价廉的果蔬，但是，在旅途结束之后，这些果蔬并不能带回国。这是因为，果蔬中可能携带一些虫、杂草和其他有害生物，为了避免这些生物传入我国，我国《进出境动植物检疫法》第二十九条明确规定，国务院农业行政主管部门制定的《中华人民共和国禁止携带、邮寄进境的动植物及其产品名录》中列明的动植物禁止携带、邮寄进入国内。而根据该名录规定，新鲜水果、蔬菜是明令禁止携带入境的。

具体到上面的案例中，王奶奶想要在泰国买水果带回给国内的老伴品尝，这是人之常情。然而，我国明令禁止将国外的水果携带或者邮寄回国，王奶奶应当打消这个念头。

法　条

《中华人民共和国进出境动植物检疫法》

第二十九条　禁止携带、邮寄进境的动植物、动植物产品和其他检疫物的名录，由国务院农业行政主管部门制定并公布。

携带、邮寄前款规定的名录所列的动植物、动植物产品和其他检疫物进境的，作退回或者销毁处理。

《中华人民共和国禁止携带、邮寄进境的动植物及其产品名录》

二、植物及植物产品类

（八）新鲜水果、蔬菜。

……

7. 客车上乘客因自身疾病死亡的，承运人是否担责？

案　情

今年九月，朱爷爷看最近秋高气爽，正适合出游，就买了客车票，准备去临近的某古镇玩两天。没想到，客车发车后没多久，朱爷爷就感觉身体不舒服，邻座的年轻人发现朱爷爷不对劲，马上告诉了客车司机。车上乘客中还有一名医生，立即对朱爷爷进行了紧急救治，并且让周围的乘客拨打了120。遗憾的是朱爷爷还是经抢救无效死亡。事实上，朱爷爷本来就患有心脏病，他是因突发心脏病死亡的，对此，承运人是否要承担相应的责任呢？

解 析

在乘车过程中，乘客有可能会出现各种身体状况。而根据我国《民法典》第八百二十三条的规定，承运人应当对运输过程中旅客的伤亡承担赔偿责任；但是，伤亡是旅客自身健康原因造成的或者承运人证明伤亡是旅客故意、重大过失造成的除外。换言之，如果旅客因自身健康原因导致伤亡，则很难归咎于承运人，因此，承运人对此不承担责任。

具体到上面的案例中，朱爷爷因为自身心脏病发作而死亡，车上的司机和乘客也已经尽其所能地救助他，承运人对朱爷爷的死亡没有责任，不需要对朱爷爷的死亡承担赔偿责任。

法 条

《中华人民共和国民法典》

第八百二十三条 承运人应当对运输过程中旅客的伤亡承担赔偿责任；但是，伤亡是旅客自身健康原因造成的或者承运人证明伤亡是旅客故意、重大过失造成的除外。

前款规定适用于按照规定免票、持优待票或者经承运人许可搭乘的无票旅客。

8. 客车拖运的行李丢失，应当如何处理？

案 情

孙奶奶六十八岁了，她觉得城里的空气质量不好，就在某旅游乡村订了一家民宿，想在民宿住几个月。孙奶奶的儿子工作很忙，孙奶奶不想麻烦儿子开车送自己。她打包托运了行李，坐上了开往民宿的客车。但是，孙奶奶到站后，发现自己用客车拖运的行李不见了，行李中有她的衣物和必备的生活用品。孙奶奶找到客车公司，公司称孙奶奶的行李可能被其他乘客拿错了，只能等其他乘客将孙奶奶的行李送回来。那么，孙奶奶只能这样被动等待吗？她还可以怎么办？

解 析

在运输途中，如果旅客的行李丢失，承运人是否需要承担赔偿责任呢？根据我国《民法典》第八百二十四条、第八百三十二条的规定，需要具体区分以下两种情况：第一，对于旅客随身携带的物品，承运人有过错时才承担赔偿责任；第二，对于旅客拖运的行李，承运人对运输过程中货物的毁损、灭失承担赔偿责任，除非因不可抗力、货物本身的自然性质或者合理损耗或者托运人、收货人的过错造成的，才可以免除承运人的赔偿责任。换言之，旅客拖运的行李丢失，如果不存在法定免责事由，承运人应当赔偿乘客的损失。

具体到上面的案例中，孙奶奶拖运的行李丢失了，虽然客车公司声称行李系被其他乘客拿错，但这仍与其管理不善有关，孙奶奶可以要求客车公司赔偿自己的损失，不必被动等待其他乘客归还行李。

法　条

《中华人民共和国民法典》

第八百二十四条　在运输过程中旅客随身携带物品毁损、灭失，承运人有过错的，应当承担赔偿责任。

旅客托运的行李毁损、灭失的，适用货物运输的有关规定。

第八百三十二条　承运人对运输过程中货物的毁损、灭失承担赔偿责任。但是，承运人证明货物的毁损、灭失是因不可抗力、货物本身的自然性质或者合理损耗以及托运人、收货人的过错造成的，不承担赔偿责任。

9. 旅客在酒店中摔倒，酒店承担责任吗?

案　情

清明节前，张爷爷和老伴江奶奶回乡祭祖，顺便再游故乡。张爷爷老家的房子已经很久没人住了，房屋有些破旧无法住人，于是张爷爷订了一家当地的酒店。张爷爷入住之后，发现酒店里面还有室内恒温游泳池，张爷爷正好带了泳裤，就准备去游泳池游泳。在更衣室换衣服时，由于地面有积水，张爷爷不慎摔倒受伤了。经鉴定，张爷爷因伤致左胫腓骨骨折，遗留左下肢功能障碍，构成十级伤残。那么，对于张爷爷的受伤，酒店需要承担责任吗?

解 析

根据我国《民法典》第一千一百九十八条的相关规定，酒店应当对客人负有安全保障义务，具体体现为：第一，如果第三人在酒店侵害客人的权益，酒店承担补充责任；第二，如果酒店没有尽到安全保障义务，造成客人损害的，由酒店承担侵权责任。

具体到上面的案例中，酒店没有尽到安全保障义务，没有及时清理酒店更衣室地面积水，致使张爷爷因积水摔倒，酒店应当承担相应的侵权责任，张爷爷可以要求酒店赔偿损失。

法 条

《中华人民共和国民法典》

第一千一百九十八条 宾馆、商场、银行、车站、机场、体育场馆、娱乐场所等经营场所、公共场所的经营者、管理者或者群众性活动的组织者，未尽到安全保障义务，造成他人损害的，应当承担侵权责任。

因第三人的行为造成他人损害的，由第三人承担侵权责任；经营者、管理者或者组织者未尽到安全保障义务的，承担相应的补充责任。经营者、管理者或者组织者承担补充责任后，可以向第三人追偿。

第七章

看病就医

1. 老人因医生直接告知患病实情，无法承受打击而去世的，医院需要承担赔偿责任吗？

案　情

张大爷身体一直非常健康，经常和老朋友们一起爬山、钓鱼。从去年年底起，张大爷总是觉得后背疼，他的女儿便带着他到医院进行了全面体检，被告知一周后取体检报告。在取体检报告当天，张大爷的女儿恰好有一项重要工作，于是心急的张大爷自己去了医院。取报告时，医生没有顾及张大爷的感受，将他患有肝部肿瘤的消息直接告知了他本人。这个消息犹如晴天霹雳，给了张大爷巨大的打击，从此以后，他变得意志消沉、郁郁寡欢，茶饭不思，三个月之后便去世了。张大爷的家人认为医院对患者的病情处置有不当之处，应当对张大爷的去世承担赔偿责任。那么，医院需要承担相应责任吗？

解　析

在诊疗过程中，医生对患者的病情处置需要与患者进行一定的沟通和交流，但是，一些敏感、严重的病情问题可能会给患者造成巨大的心理压力，不利于病人的康复。因此，医生在告知患者病情时，需要充分考虑患者的承受能力，应当委婉告知或告知其家属。这不但是道德的要求，也是法律的硬性规定。我国《医疗事故处理条例》第十一条明确规定，在医疗活动中，医疗机构及其医务人员应当将患者的病情如实告知患者，及时解答其咨询；但是，应当避免对患者产生不利后果。同时，根据《执业医师法》第二十六条第一款的规定，医师介绍病情时应注意避免对患者产生不利后果。由此可知，在医疗活动中，医疗机构及其医护人员有义务如实告知患者的病情、治疗措施等信息，但应当讲究方式方法，谨慎合理地选择告知对象和告知方式、时机等。《民法典》第一千二百一十九条对此也有相关规定。

在本案中，医院的医生没有考虑到张大爷年龄过大，对病情的心理承受能力弱，直接告知其患有恶性肿瘤的做法存在过失，给张大爷本人造成了严重的心理伤害。医生的做法与张大爷的突然病逝之间存在一定的因果关系，其行为违反了相关法律法规的规定，医院应当对张大爷的去世承担相应的赔偿责任。

法　条

《医疗事故处理条例》

第十一条　在医疗活动中，医疗机构及其医务人员应当将患者的病情、医疗措施、医疗风险等如实告知患者，及时解答其咨询；但是，应当避免对患者产生不利后果。

《中华人民共和国执业医师法》

第二十六条第一款　医师应当如实向患者或者其家属介绍病情，但应注意避免对患者产生不利后果。

《中华人民共和国民法典》

第一千二百一十九条　医务人员在诊疗活动中应当向患者说明病情和医疗措施。需要实施手术、特殊检查、特殊治疗的，医务人员应当及时向患者具体说明医疗风险、替代医疗方案等情况，并取得其明确同意；不能或者不宜向患者说明的，应当向患者的近亲属说明，并取得其明确同意。

医务人员未尽到前款义务，造成患者损害的，医疗机构应当承担赔偿责任。

2. 医院抢救及时、得当，患者治愈后仍然留下残疾的，构成医疗事故吗？医院需要对此承担责任吗？

案　情

老吴六十二岁了，是一位非常有经验的技工，能解决很多技术难题。从工厂退休后，老吴又被返聘到原单位，主要负责对新员工进行技术培训，或者对一些疑难问题给予技术指导。这天，工厂的一台大型设备出现故障，因为其他人无法顺利解决，老吴便亲自动手进行维修。然而，在维修过程中，设备突然非常规启动，导致老吴被砸伤。老吴被立即送往医院救治，医生全力抢救，采取措施得当，但因为伤势过重，老吴还是落下了残疾。那么，在此种情况下，医院需要对老吴的残疾承担责任吗？

解　析

医疗事故，是指医疗机构及其医务人员在医疗活动中，违反相关法律法规和医疗常规，对患者人身造成损害的事故。我国《医疗事故处理条例》第三十三条明确规定了六种不属于医疗事故的情形，主要是指在现有条件下虽采取得当措施仍可能对患者人身造成损害的情形，而在紧急情况下为抢救垂危患者生命而采取紧急医学措施造成不良后果的，就属于六种情形之一。同时，我国《民法典》第一千二百二十四条也规定了三种患者在诊疗活动中受到损害，医疗机构免责的情况，其中医务人员在抢救生命垂危的患者等紧急情况下已经尽到合理诊疗义务的，不承担损害赔偿责任。由此可知，在抢救生命垂危的患者时，医护人员已经采取紧急措施并尽到合理诊疗义务，但仍造成不良后果的，不属于医疗事故，医院不需要承担赔偿责任。

在本案中，老吴因被砸伤而被送往医院救治，医院对老吴救治及时而且采取措施得当，即便老吴因此落下残疾，医院也不需要承担赔偿责任。

法 条

《医疗事故处理条例》

第三十三条 有下列情形之一的，不属于医疗事故：

（一）在紧急情况下为抢救垂危患者生命而采取紧急医学措施造成不良后果的；

（二）在医疗活动中由于患者病情异常或者患者体质特殊而发生医疗意外的；

（三）在现有医学科学技术条件下，发生无法预料或者不能防范的不良后果的；

（四）无过错输血感染造成不良后果的；

（五）因患方原因延误诊疗导致不良后果的；

（六）因不可抗力造成不良后果的。

《中华人民共和国民法典》

第一千二百二十四条 患者在诊疗活动中受到损害，有下列情形之一的，医疗机构不承担赔偿责任：

（一）患者或者其近亲属不配合医疗机构进行符合诊疗规范的诊疗；

（二）医务人员在抢救生命垂危的患者等紧急情况下已经尽到合理诊疗义务；

（三）限于当时的医疗水平难以诊疗。

前款第一项情形中，医疗机构或者其医务人员也有过错的，应当承担相应的赔偿责任。

3. 因患者恐惧手术而贻误最佳治疗时机的，医院需要承担责任吗？

案　情

王大娘七十二岁了，她的生活方式比较健康，平时爱好跳广场舞。去年年底，孩子为了表示孝顺，带王大娘到体检中心进行体检。检查后发现，王大娘的肺部长了几个结节，而且位置比较危险，医生如实告知家属病情后，建议王大娘及时进行手术治疗。但是，一辈子没做过手术的王大娘感到很害怕，担心自己年岁已高，会在手术过程中出现危险，于是选择进行保守治疗。半年后，王大娘再次检查发现肺部的结节已经发展为恶性肿瘤，而且出现了扩散。由于王大娘错过了最佳治疗时机，后续的诊疗也没能帮助她战胜病魔。那么，此种情况下，医院需要对王大娘的去世承担责任吗？

解　析

医院在对患者实行诊疗救治的过程中，需要处置及时、措施得当、操作规范，如果未尽到应有措施或措施不当，致使病患出现病情加重或死亡的，应当承担损害赔偿责任。但是，根据我国《医疗事故处理条例》第三十三条的规定，因患方原因延误诊疗导致不良后果的，不属于医疗事故。同时，我国《民法典》第一千二百一十八条也规定，因医疗机构或者其医护人员过错导致患者在诊疗过程中受到损害的，医疗机构才需要承担赔偿责任。由此可知，患者在治疗过程中受到的损害需要与医疗机构及其医护人员的过错存在关联，医疗机构才会因此承担赔偿责任；倘若因患者本人的原因导致治疗失败的，医疗机构不需承担责任。

在本案中，医院在诊治王大娘的过程中，已经向其告知合理诊疗方案，医院不存在过错。但是，王大娘因恐惧手术延误治疗而导致癌细胞扩散最终病逝，医院不需对此担赔偿责任。

法　条

《医疗事故处理条例》

第三十三条　有下列情形之一的，不属于医疗事故：

（一）在紧急情况下为抢救垂危患者生命而采取紧急医学措施造成不良后果的；

（二）在医疗活动中由于患者病情异常或者患者体质特殊而发生医疗意外的；

（三）在现有医学科学技术条件下，发生无法预料或者不能防范的不良后果的；

（四）无过错输血感染造成不良后果的；

（五）因患方原因延误诊疗导致不良后果的；

（六）因不可抗力造成不良后果的。

《中华人民共和国民法典》

第一千二百一十八条　患者在诊疗活动中受到损害，医疗机构或者其医务人员有过错的，由医疗机构承担赔偿责任。

4. 医护人员和患者本人都存在过错，导致患者受到医疗损害的，应怎样确定损失赔偿责任？

案 情

黄女士已经年近花甲，近期总是感觉肝火旺盛，到医院检查后发现肝部长了两个大囊肿。经过慎重考虑，她决定将囊肿切除。医院与黄女士共同商议后决定通过手术的方式将囊肿切除，手术并不复杂，很快就完成了。黄女士术后住院恢复时，由于负责黄女士护理工作的护士家中事情比较多，护理不够规范，导致她的伤口并没有处理好。几天后，黄女士着急出院与朋友聚会，在没有完全康复的情况下便私自出院且与人到饭店用餐，造成了伤口重度感染，甚至一度危及生命。那么，对于医护人员和患者本人都存在过错，导致患者受到医疗损害的情况，应怎样确定损失赔偿责任？

解 析

按照我国《医疗事故处理条例》第四十九条的规定，医疗事故赔偿，应当考虑三方面因素，包括：医疗事故等级、医疗过失行为在医疗事故损害后果中的责任程度、医疗事故损害后果与患者原有疾病状况之间的关系。也就是说，医疗事故责任的确定与医疗过失行为密不可分，医疗机构及其医护人员仅需要对此过失医疗行为承担责任。在医疗事故中，应结合医疗事故等级、医疗过失行为在医疗事故损害后果中的责任程度、医疗事故损害后果与患者原有疾病状况之间的关系来确定具体赔偿数额。在上面的案例中，是否构成医疗事故，应由相关部门依据法律和事实作出认定。

从侵权责任角度讲，如果医护人员和患者本人都存在过错，导致患者受到医疗损害的，双方都应为自己的过错承担相应的责任。我国《民法典》第一千一百六十五条第一款规定，行为人因过错侵害他人民事权益造成损害的，应当承担侵权责任。该法第一千一百七十三条规定，被侵权人对同一损害的发生或者扩大有过错的，可以减轻侵权人的责任。由此可知，承担侵权责任，以过错责任为原则，只要发生侵权行为，且行为与结果有因果关系，就应承担侵权责任。同时，被侵权人对损害的发生也有责任的，会减轻侵权人的责任。

在本案中，黄女士伤口的感染与护理人员未尽护理职责有直接关系，医院方存在过错，应当为此承担相应的责任。与此同时，黄女士手术后没有好好休养，在伤口未愈合的情况下私自出院且外出吃饭，其本人对伤口感染也有一定责任，因此可以相应减轻医院的责任。

法　条

《医疗事故处理条例》

第四十九条　医疗事故赔偿，应当考虑下列因素，确定具体赔偿数额：

（一）医疗事故等级；

（二）医疗过失行为在医疗事故损害后果中的责任程度；

（三）医疗事故损害后果与患者原有疾病状况之间的关系。

不属于医疗事故的，医疗机构不承担赔偿责任。

《中华人民共和国民法典》

第一千一百六十五条　行为人因过错侵害他人民事权益造成损害的，应当承担侵权责任。

依照法律规定推定行为人有过错，其不能证明自己没有过错的，应当承担侵权责任。

第一千一百七十三条　被侵权人对同一损害的发生或者扩大有过错的，可以减轻侵权人的责任。

第一千二百一十八条　患者在诊疗活动中受到损害，医疗机构或者其医务人员有过错的，由医疗机构承担赔偿责任。

5. 对于已经昏迷的患者，在无法与家属取得联系的情况下，医院能对其进行手术吗？

案　情

韩大爷每天午休醒来后都会去家附近的公园散步。这天，天气非常炎热，韩大爷仍像往常一样来到公园里散步，走着走着突然倒在了路边。周围群众见状，迅速为韩大爷扇风取凉并拨打了120急救电话。救护车很快到来，将韩大爷送往附近医院救治。经过医生初步判断，韩大爷是突发脑溢血，需要即刻进行手术。但是，由于韩大爷没有随身携带家人的联系方式，医院方面无法在短时间内与他的家人取得联系。鉴于韩大爷的病情，如果不马上手术可能会延误最佳治疗时机。于是，经医院主要负责人批准后，医生为韩大爷进行了手术治疗。那么，医院在无法取得患者家属同意的情况下，可以为患者进行手术吗？

解 析

医疗手术是对人身体进行治疗的一种方式，凡是手术都存在一定的风险，为了保障患者的人身权益，医院为患者手术需要征得患者本人或者家属的同意。《医疗机构管理条例》第三十三条明确规定，医疗机构施行手术、特殊检查或者特殊治疗时，必须征得患者本人或其家属或者关系人同意，如果无法取得相关人员同意的，可以在取得医疗机构负责人批准后实施手术。同时，我国《民法典》第一千二百二十条也规定，因抢救生命垂危的患者等紧急情况，可以在经过医疗机构负责人批准后立即实施相应的医疗措施。由此可知，医院在实施手术时，原则上必须经患者及其家属签字同意，但是，本着生命至上的原则，在患者意识不清醒并且无法联系到家属的情况下，经医院负责人批准也可以进行手术治疗。

在本案中，韩大爷已经昏迷不醒，因为突发脑溢血必须立即进行手术，为了不错过最佳救治时机，在无法与其家人取得联系的情况下，医生在经过医院负责人批准后，可以为韩大爷进行手术治疗。

法 条

《医疗机构管理条例》

第三十三条 医疗机构施行手术、特殊检查或者特殊治疗时，必须征得患者同意，并应当取得其家属或者关系人同意并签字；无法取得患者意见时，应当取得家属或者关系人同意并签字；无法取得患者意见又无家属或者关系人在场，或者遇到其他特殊情况时，经治医师应当提出医疗处置方案，在取得医疗机构负责人或者被授权负责人员的批准后实施。

《中华人民共和国民法典》

第一千二百二十条 因抢救生命垂危的患者等紧急情况，不能取得患者或者其近亲属意见的，经医疗机构负责人或者授权的负责人批准，可以立即实施相应的医疗措施。

6. 患者家属不在手术单上签字，延误治疗时机导致患者死亡的，医院是否需要承担责任？

案 情

孙大爷今年七十六岁，老伴已于前年去世，他的两个女儿与他同住在一个城市，儿子居住在省城。一天，孙大爷突发脑溢血被送往医院，闻讯后两个女儿及时赶到医院，儿子也即刻乘坐火车往回赶。因为孙大爷的病情比较紧急，需要立刻进行手术治疗。但是，手术存在很大的风险而且手术费用很高，受到传统观念的影响，两个女儿认为这种事情需要儿子做主才能决定，想等到哥哥回来商议后再在手术单上签字。医生反复催促无果。三小时后，儿子赶到医院并在手术单上签字，可是孙大爷已经错过了最佳抢救时机，最终因抢救无效死亡。那么，此种情况下，医院需要对孙大爷的去世承担责任吗？

解 析

在临床上，任何手术都存在一定风险。为了保障患者和医务人员的合法权益，手术前医生会告知患者及其家属存在的风险，患者及其家属也需要就已告知的情况在手术同意书上签字确认。我国《民法典》第一千二百一十九条规定，医务人员在诊疗活动中应当向患者说明病情、医疗措施、医疗风险和替代医疗方案，并且取得其明确同意，否则造成患者损害的，应当承担赔偿责任。同时，该法第一千二百二十四条还明确规定了医疗机构免责的三种情况，其中患者或者其近亲属不配合医疗机构进行符合诊疗规范的诊疗的，医疗机构不承担赔偿责任。由此可知，因患者或其家属拒绝或不配合治疗导致损害结果的发生，如果医疗机构与医务人员已尽到说明、劝说义务，没有其他过错的，医疗机构和医务人员不承担赔偿责任。

在本案中，医院已经向患者家属告知了手术风险，并说明了不及时手术可能会产生的严重后果，但是，孙大爷的女儿们仍坚持等待哥哥到达后再签手术同意书，导致孙大爷因抢救不及时死亡。对此，医院没有过错，不需要承担赔偿责任。

法　条

《中华人民共和国民法典》

第一千二百一十九条　医务人员在诊疗活动中应当向患者说明病情和医疗措施。需要实施手术、特殊检查、特殊治疗的，医务人员应当及时向患者具体说明医疗风险、替代医疗方案等情况，并取得其明确同意；不能或者不宜向患者说明的，应当向患者的近亲属说明，并取得其明确同意。

医务人员未尽到前款义务，造成患者损害的，医疗机构应当承担赔偿责任。

第一千二百二十四条　患者在诊疗活动中受到损害，有下列情形之一的，医疗机构不承担赔偿责任：

（一）患者或者其近亲属不配合医疗机构进行符合诊疗规

范的诊疗；

（二）医务人员在抢救生命垂危的患者等紧急情况下已经尽到合理诊疗义务；

（三）限于当时的医疗水平难以诊疗。

前款第一项情形中，医疗机构或者其医务人员也有过错的，应当承担相应的赔偿责任。

7. 患者拒绝使用昂贵药物而导致死亡的，医院需要承担责任吗？

案情

唐伯伯患有慢性糖尿病，受疾病影响，多年来身体状态一直不佳。近期，唐伯伯总是感觉尿样异常，经检查确诊，他的慢性糖尿病引发了肾衰竭。医生建议唐伯伯住院接受治疗，并向他推荐了当前最有效的一种治疗药物。但是，这种药物为进口药，价格比较昂贵，唐伯伯担心给家人增加负担，便拒绝使用。医生多次劝说无果后，唐伯伯签署了拒绝使用该药物的声明。几个月之后，唐伯伯的病情没有得到控制，最终因肾衰竭去世。那么，对于病人拒绝使用昂贵药物导致死亡的情况，医院需要承担责任吗？

解析

在诊疗过程中，患者有选择治疗方案的权利，但医院和医务人员必须尽到全面告知义务。在医院已经尽到相应义务的情况下，患者自愿放弃最佳诊疗方案导致伤残或者去世的，医院不应当承担责任。对此，我国《医疗事故处理条例》第三十三条明确规定，因患方原因延误诊疗导致不良后果的，不属于医疗事故。同时，《民法典》第一千二百二十四条规定，患者不配合医疗机构进行符合诊疗规范的诊疗的，医疗机构不承担赔偿责任。由此可知，在医务人员已经履行相应义务的情况下，因为患者本人原因导致治疗失败的，医院不需要承担赔偿责任。

在本案中，医院已经向唐伯伯告知当前最有效的诊疗方案，但是因唐伯伯本人的原因没有使用相关药物，唐伯伯也签署了拒绝使用该药物的声明，因此，医院不需要承担损害赔偿责任。

法 条

《医疗事故处理条例》

第三十三条 有下列情形之一的，不属于医疗事故：

……

（五）因患方原因延误诊疗导致不良后果的；

（六）因不可抗力造成不良后果的。

《中华人民共和国民法典》

第一千二百二十四条 患者在诊疗活动中受到损害，有下列情形之一的，医疗机构不承担赔偿责任：

（一）患者或者其近亲属不配合医疗机构进行符合诊疗规范的诊疗；

……

前款第一项情形中，医疗机构或者其医务人员也有过错的，应当承担相应的赔偿责任。

8. 患者签署同意书进行实验性临床医疗导致残疾，医院需要承担赔偿责任吗？

案　情

范阿姨六十二岁了，近期总是感觉到身体无力、关节疼痛，几经检查也未确定病因。身体的病痛让范阿姨难以忍受，无奈之下，她来到省会医院检查，经多次会诊，医院最终确定范阿姨患上了一种罕见的免疫疾病，遗憾的是，目前没有非常有效的治疗手段。在范阿姨近乎绝望的时候，医院提出了一种新的治疗方式，告诉范阿姨，此种方式没有临床实践，她如果采用则属于实验性临床医疗。医生向范阿姨告知了手术存在的各种风险和实验性临床医疗的相关知识，鉴于病痛带来的巨大折磨，她毫不犹豫地签署了手术同意书。最终，手术虽然治好了范阿姨的免疫疾病，却让她落下了终身残疾。那么，医院需要对此承担赔偿责任吗？

解　析

实验性临床医疗是一种处于研究状态的治疗方法，尚未被医学界认可，它可以为治疗某种疾病提供一种全新的方式，但是，因为有很多不确定因素，也可能存在巨大风险。我国《医疗机构管理条例实施细则》第八十八条对“特殊检查、特殊治疗”作出了明确定义，临床试验性检查和治疗属于特殊治疗。为了进一步规范实验性临床医疗，《执业医师法》第二十六条第二款规定，医师进行实验性临床医疗，应当经过医院批准并征得患者本人或者其家属同意。同时《医疗机构管理条例》第三十三条也作出规定，医疗机构施行特殊治疗时，必须征得患者同意，并应当取得其家属或者关系人同意并签字。如果医院未履行告知并征得患者及其家属同意的义务，根据《民法典》第一千二百一十九条第二款的规定，造成患者损害的，医疗机构应当承担赔偿责任。由此可知，医疗机构实施实验性临床医疗时，需要经过患者及其家属同意，并取得书面同意书。

在本案中，医院为范阿姨实行实验性临床医疗前，已经向她告知了手术存在的各种风险，履行了全面告知义务，也取得了范阿姨本人签署的同意书，所以，即便手术导致范阿姨落下了终身残疾，医院也不需要承担赔偿责任。

法　条

《中华人民共和国执业医师法》

第二十六条第二款　医师进行实验性临床医疗，应当经医院批准并征得患者本人或者其家属同意。

《医疗机构管理条例》

第三十三条　医疗机构施行手术、特殊检查或者特殊治疗时，必须征得患者同意，并应当取得其家属或者关系人同意并签字；无法取得患者意见时，应当取得家属或者关系人同意并签字；无法取得患者意见又无家属或者关系人在场，或者遇到其他特殊情况时，经治医师应当提出医疗处置方案，在取得医疗机构负责人或者被授权负责人员的批准后实施。

《医疗机构管理条例实施细则》

第八十八条　条例及本细则中下列用语的含义：

……

特殊检查、特殊治疗：是指具有下列情形之一的诊断、治疗活动：

（一）有一定危险性，可能产生不良后果的检查和治疗；

（二）由于患者体质特殊或者病情危笃，可能对患者产生不良后果和危险的检查和治疗；

（三）临床试验性检查和治疗；

（四）收费可能对患者造成较大经济负担的检查和治疗。

……

《中华人民共和国民法典》

第一千二百一十九条　医务人员在诊疗活动中应当向患者说明病情和医疗措施。需要实施手术、特殊检查、特殊治疗的，医务人员应当及时向患者具体说明医疗风险、替代医疗方案等情况，并取得其明确同意；不能或者不宜向患者说明的，应当向患者的近亲属说明，并取得其明确同意。

医务人员未尽到前款义务，造成患者损害的，医疗机构应当承担赔偿责任。

第八章

社会保障

1. 没有缴满十五年养老保险，如何处理？

案　情

周阿姨五十二岁了。四年前，周阿姨和邻居王阿姨聊天的时候，知道王阿姨虽然没有工作，在家帮女儿带孩子，但是自己缴纳了养老保险，以后可以领养老金。周阿姨很是心动，于是到社保局咨询了相关政策后，也给自己缴纳了养老保险。今年，周阿姨偶然得知养老保险要缴纳满十五年才能享受养老保险待遇，领取养老金。周阿姨很担心，自己今年五十二岁，到六十岁也只缴纳了十二年。那么，如果周阿姨没有缴满十五年养老保险，应当如何处理呢？

解　析

对于已满法定退休年龄，但是未缴满十五年养老保险的个人，根据我国《社会保险法》第十六条的规定，有两种选择：第一，可以缴费至满十五年，按月领取基本养老金；第二，转入新型农村社会养老保险或者城镇居民社会养老保险，按照国务院规定享受相应的养老保险待遇。

具体到上面的案例中，周阿姨担心自己满六十岁时还没有缴满十五年不能领取养老金，她可以根据自己的实际情况，选择继续缴费至满十五年，或者转入城镇居民社会养老保险，以此方式来解决自己的养老保险问题。

法 条

《中华人民共和国社会保险法》

第十六条 参加基本养老保险的个人，达到法定退休年龄时累计缴费满十五年的，按月领取基本养老金。

参加基本养老保险的个人，达到法定退休年龄时累计缴费不足十五年的，可以缴费至满十五年，按月领取基本养老金；也可以转入新型农村社会养老保险或者城镇居民社会养老保险，按照国务院规定享受相应的养老保险待遇。

2. 是否可以在退休前提前支取自己的养老保险金？

案 情

年满五十岁的蒋叔叔向公司提出了辞职，他想趁着自己身体还健康，还能走得动，实现自己年轻时候的梦想，去环游世界。然而，蒋叔叔的想法虽然美好，但其妻子李阿姨并不支持，她不想蒋叔叔瞎折腾，又担心蒋叔叔的安全，所以不准他用家里的存款去环游世界。蒋叔叔想，既然自己已经辞职了，并且已经缴纳了十五年以上的养老保险，以后也不会工作了，那么自己现在是否可以提前支取自己的养老保险金呢？若可行，这将为自己解决一部分的资金问题。那么，蒋叔叔的想法靠谱吗？

解 析

对于是否可以提前支取养老保险金，根据我国《社会保险法》第十六条第一款的规定，只有达到法定退休年龄时累计缴费满十五年的个人，才能按月领取基本养老金。换言之，达到法定退休年龄和缴费满十五年是领取养老保险金的两个必备条件，二者缺一不可。同时，该法第十四条也明确规定，个人账户不得提前支取。因此未达到法定退休年龄的个人，不得提前支取个人账户中的钱。

具体到上面的案例中，蒋叔叔的想法是不现实的，蒋叔叔虽然已经缴满了十五年养老保险，但没有达到法定退休年龄，无法支取保险金。蒋叔叔应当再与自己的妻子商量，征求妻子的同意后再出去游玩。

法　条

《中华人民共和国社会保险法》

第十四条　个人账户不得提前支取，记账利率不得低于银行定期存款利率，免征利息税。个人死亡的，个人账户余额可以继承。

第十六条第一款　参加基本养老保险的个人，达到法定退休年龄时累计缴费满十五年的，按月领取基本养老金。

3. 什么条件可以享受最低生活保障待遇？

案　情

江叔叔年满五十岁了，平时他在城市的街道上捡垃圾、卖垃圾，一个月可以赚两千多元钱。然而，江叔叔有一个智力有障碍的弟弟，弟弟没有生活能力和劳动能力，需要江叔叔的照料，江叔叔的妻子生产的时候因为大出血去世，为江叔叔留下了一个女儿。现在，这一家三口人，只靠江叔叔一个人赚钱生活，同时他还要照顾两个没有生活能力的人，日子过得十分艰难。江叔叔了解到，国家对生活困难的人，可以发放最低生活保障。他想知道，什么条件可以享受最低生活保障待遇？自己可以申请吗？

解　析

对于生活有困难的居民，国家可以提供最低生活保障。根据我国《社会救助暂行办法》第九条的规定，国家对共同生活的家庭成员人均收入低于当地最低生活保障标准，且符合当地最低生活保障家庭财产状况规定的家庭，给予最低生活保障。而各地的最低生活保障待遇，根据该法第十条的规定，是由各省级政府确定、公布的。在《最低生活保障审核审批办法（试行）》第四条中也明确了户籍状况、家庭收入和家庭财产是认定最低生活保障标准的三个基本要件。

具体到上面的案例中，江叔叔每月的收入只有两千多元，家庭财产也有限，还要扶养弟弟，抚养孩子，生活较为困难。江叔叔可以了解一下当地申请最低生活保障待遇的标准，如果满足条件就可以申请。

法　条

《社会救助暂行办法》

第九条　国家对共同生活的家庭成员人均收入低于当地最低生活保障标准，且符合当地最低生活保障家庭财产状况规定的家庭，给予最低生活保障。

第十条　最低生活保障标准，由省、自治区、直辖市或者设区的市级人民政府按照当地居民生活必需的费用确定、公布，并根据当地经济社会发展水平和物价变动情况适时调整。

最低生活保障家庭收入状况、财产状况的认定办法，由省、自治区、直辖市或者设区的市级人民政府按照国家有关规定制定。

《最低生活保障审核审批办法（试行）》

第四条　户籍状况、家庭收入和家庭财产是认定低保对象的三个基本要件。

持有当地常住户口的居民，凡共同生活的家庭成员人均收入低于当地低保标准，且家庭财产状况符合当地人民政府规定条件的，可以申请低保。

4. 申请住房救助需要满足哪些条件？

案　情

张爷爷一家一直生活困难。张爷爷的儿子早年因为车祸瘫痪在家，已经失去了劳动能力。张爷爷年事已高，靠国家发放的最低生活保障生活。天有不测风云，张爷爷居住的街道因为旧电线破损发生火灾，张爷爷和儿子虽然被救了出来，但是他们的房子被烧成了一片灰烬。张爷爷的积蓄都给儿子治病了，现在没有多余的钱租房子，基本的生活难以维持，几乎走投无路。张爷爷的邻居告诉张爷爷他可以申请住房补助。那么，申请住房补助需要满足哪些条件呢？

解　析

住房补助，顾名思义，是国家对于符合规定的住房困难人员给予的住房补贴。根据我国《社会救助暂行办法》第三十七条的规定，住房补贴主要针对两类人群：第一，最低生活保障家庭；第二，分散供养的特困人员。而具体的困难标准和救助标准，根据该法第三十九条的规定，由各县级政府自行确定、公布。

具体到上面的案例中，张爷爷一家本就是最低生活保障家庭，张爷爷可以去政府网站上查询当地的住房困难标准，确定自己家是否符合，若符合则可以进行申请，从而解决一家人的住房问题。

法　条

《社会救助暂行办法》

第三十七条　国家对符合规定标准的住房困难的最低生活保障家庭、分散供养的特困人员，给予住房救助。

第三十九条　住房困难标准和救助标准，由县级以上地方人民政府根据本行政区域经济社会发展水平、住房价格水平等因素确定、公布。

5. 特困人员供养的内容有哪些？

案　情

张爷爷是个孤儿，吃百家饭长大。长大后，张爷爷没有文化，不识字，只能以种地为生。张爷爷因为贫穷，一直没有结婚。现在，张爷爷年事已高，已经不能种地了。不幸的是，张爷爷还患上了类风湿，需要常年吃药。张爷爷维持基本生活都很吃力，自己也很绝望。这时，村委会找到张爷爷，告知张爷爷可以申请特困人员供养，以维持基本的生活。那么，特困人员供养的内容有哪些呢？能解决张爷爷的实际困难吗？

解　析

根据我国《社会救助暂行办法》第十五条的规定，我国特困人员供养的内容包括：（一）提供基本生活条件；（二）对生活不能自理的给予照料；（三）提供疾病治疗；（四）办理丧葬事宜。对于具体的供养标准，则由各省级政府根据各地的实际情形确定、公布。

具体到上面的案例中，张爷爷如果申请了特困人员供养，得到批准后，是可以解决自己的实际困难的。张爷爷不仅可以得到基本的生活照料，还可以治疗自己的疾病，甚至在去世后还可以由工作人员办理丧葬事宜。

法　条

《社会救助暂行办法》

第十五条　特困人员供养的内容包括：

（一）提供基本生活条件；

（二）对生活不能自理的给予照料；

（三）提供疾病治疗；

（四）办理丧葬事宜。

特困人员供养标准，由省、自治区、直辖市或者设区的市级人民政府确定、公布。

特困人员供养应当与城乡居民基本养老保险、基本医疗保障、最低生活保障、孤儿基本生活保障等制度相衔接。

6. 享受特困人员供养待遇需要满足什么条件？

案　情

蒋爷爷四十岁的时候，妻子因病去世，五十岁时唯一的女儿因车祸身亡，身边也没有其他亲人可以依靠。之前，蒋爷爷以种地为生，如今，蒋爷爷年龄大了，没法再种地了。蒋爷爷的邻居小李知道蒋爷爷家里的情况，很是同情蒋爷爷，于是，小李经常把自己家的饭菜带给蒋爷爷吃，帮助蒋爷爷勉强维持生计。但是最近，小李在城里买了房子，打算全家都搬进城里生活，所以担心蒋爷爷无人照料。小李听说如果是特困人员的话，可以享受特困人员供养待遇，她想知道，蒋爷爷满足特困人员的条件吗？

解　析

根据《社会救助暂行办法》第十四条、《特困人员认定办法》第四条的规定，对于老年人、残疾人和未成年人，如果同时具备以下三个条件：（一）无劳动能力；（二）无生活来源；（三）无法定赡养、抚养、扶养义务人或者其法定义务人无履行义务能力，应当依法将其纳入特困人员救助供养范围。换言之，特困人员是确实无法独立生活，需要国家帮助的人。

具体到上面的案例中，蒋爷爷没有劳动能力，也没有生活来源，其法定的赡养义务人已经死亡，蒋爷爷符合特困人员的申请条件，可以申请享受特困人员生活待遇。

法　条

《社会救助暂行办法》

第十四条　国家对无劳动能力、无生活来源且无法定赡养、抚养、扶养义务人，或者其法定赡养、抚养、扶养义务人无赡养、抚养、扶养能力的老年人、残疾人以及未满16周岁的未成年人，给予特困人员供养。

《特困人员认定办法》

第四条　同时具备以下条件的老年人、残疾人和未成年人，应当依法纳入特困人员救助供养范围：

（一）无劳动能力；

（二）无生活来源；

（三）无法定赡养、抚养、扶养义务人或者其法定义务人无履行义务能力。

7. 怎样申请特困人员供养？

案　情

吴爷爷年幼的时候出了事故，瘫痪在床。家境贫寒的他，一直没有机会读书。之前，吴爷爷的父母撑着年迈的身体照料着自己的小儿子，在吴爷爷六十岁那年，两人因为年老体衰，相继去世了。吴爷爷唯一的哥哥接过了照顾吴爷爷的重担。但是，在今年，吴爷爷的哥哥也因身患癌症离世，吴爷爷真的没有了依靠。吴爷爷的哥哥在离世前告诉吴爷爷，他可以申请特困人员供养。哥哥离世后，吴爷爷想去申请特困人员供养，但是不知道怎样申请，自己不识字，可以找他人代办吗？

解　析

根据我国《社会救助暂行办法》第十六条第一款、《特困人员认定办法》第十条的规定，申请特困人员供养，由本人向户籍所在地的乡镇人民政府、街道办事处提出书面申请。同时，还应当提供包括本人有效身份证明，劳动能力、生活来源、财产状况以及赡养、抚养、扶养情况的书面声明在内的书面材料。本人申请有困难的，可以由居委会或者村委会的工作人员代为申请。

具体到上面的案例中，吴爷爷虽然不识字，没有办法自己申请特困人员供养，但是吴爷爷可以联系居委会的工作人员，委托居委会代为提出申请。

法　条

《社会救助暂行办法》

第十六条　申请特困人员供养，由本人向户籍所在地的乡镇人民政府、街道办事处提出书面申请；本人申请有困难的，可以委托村民委员会、居民委员会代为提出申请。

特困人员供养的审批程序适用本办法第十一条规定。

《特困人员认定办法》

第十条　申请特困人员救助供养，应当由本人向户籍所在地乡镇人民政府（街道办事处）提出书面申请。本人申请有困难的，可以委托村（居）民委员会或者他人代为提出申请。

申请材料主要包括本人有效身份证明，劳动能力、生活来源、财产状况以及赡养、抚养、扶养情况的书面声明，承诺所提供信息真实、完整的承诺书，残疾人应当提供中华人民共和国残疾证。

申请人及其法定义务人应当履行授权核查家庭经济状况的相关手续。

8. 街道办事处可以主动为居民办理特困人员供养吗？

案　情

大学毕业后，小李进入某街道办事处工作。某天，小李在走访该街道居民的时候，发现杨奶奶靠在街道捡垃圾维持基本的生活开支。通过和杨奶奶聊天和走访街坊邻居，小李才知道，杨奶奶今年已经七十五岁了，五年前丈夫去世后，杨奶奶的儿子也因病去世了，杨奶奶一直独自生活。现在，杨奶奶已经没有了其他的收入来源，之前的积蓄在为孩子治病时已经花完了，所以只能以捡垃圾为生。但是，杨奶奶的身体越来越差，她也不知道自己还能坚持多久。小李很同情杨奶奶的遭遇，他想为杨奶奶申请特困人员供养。那么，街道办事处可以主动为居民办理特困人员供养吗？

解　析

特困人员供养是国家为保证城乡生活困难人员的基本生活所采取的一项重要举措。因此，根据《社会救助暂行办法》第十七条、《特困人员认定办法》第十一条的规定，如果乡镇人民政府或者街道办事处的工作人员发现了符合特困供养条件的人员，应当主动告知其政策，对无法自主申请的，应当帮助其申请。

具体到上面的案例中，小李作为街道办事处的工作人员，他发现杨奶奶符合特困人员供养的条件，小李可以告知杨奶奶特困人员供养的政策，如果杨奶奶没有能力自主申请，小李还应当主动帮助杨奶奶申请。

法条

《社会救助暂行办法》

第十七条　乡镇人民政府、街道办事处应当及时了解掌握居民的生活情况，发现符合特困供养条件的人员，应当主动为其依法办理供养。

《特困人员认定办法》

第十一条　乡镇人民政府（街道办事处）、村（居）民委员会应当及时了解掌握辖区内居民的生活情况，发现符合特困人员救助供养条件的，应当告知其救助供养政策，对无民事行为能力等无法自主申请的，应当主动帮助其申请。

9. 特困供养人员可以选择自己在家住吗?

案情

李爷爷早年丧妻，中年丧子，晚年无人照料，也没有其他的经济来源。在街道办事处工作人员的帮助下，李爷爷向居民委员会申请成为了特困供养人员。李爷爷的申请被批准后，李爷爷被安排到当地的供养服务机构生活，由供养机构的工作人员进行照料。然而，李爷爷在家住惯了，不喜欢和其他人一起生活，总惦记着家里的一草一木，并且李爷爷还有自理能力，所以还是想自己在家住。那么，特困供养人员可以选择自己在家住吗？

解 析

对于特困供养人员的供养方式，根据我国《社会救助暂行办法》第十九条的规定，特困供养人员享有选择权，其可以在当地的供养服务机构集中供养，也可以在家分散供养。因此，在本案中，李爷爷如果有自理能力，能够独自生活，也想要自己住，就可以选择在家分散供养，若日后失去自理能力，李爷爷可以再到当地的供养服务机构集中供养。

法 条

《社会救助暂行办法》

第十九条 特困供养人员可以在当地的供养服务机构集中供养，也可以在家分散供养。特困供养人员可以自行选择供养形式。

10. 如果特困人员不再符合供养条件，怎么终止供养？

案 情

钱奶奶已经七十岁了。十年前，钱奶奶唯一的儿子去世后，为钱奶奶和她的老伴留下了一个孙女。五年前，钱奶奶的老伴去世后，钱奶奶一人独自抚养孙女，生活很吃力。于是，钱奶奶向当地的街道办事处申请了特困人员供养，解决了最基本的生活需求。今年，钱奶奶的孙女已经成年了，而且考上了很好的大学，课余时间做各种兼职，赚的钱已经足够钱奶奶和自己生活。钱奶奶觉得，孙女现在能赚钱了，自己已经不再符合供养条件。那么，她如何终止供养呢？

解　析

特困人员供养的目的就是满足受助者的基本生活需要。如果受助者不再符合法定的供养条件，救助行动就应当终止。根据《社会救助暂行办法》第十八条、《特困人员认定办法》第二十五条的规定，特困供养人员不再符合供养条件的，本人、照料服务人、村民委员会、居民委员会或者供养服务机构应当及时告知乡镇人民政府、街道办事处，由其审核并报县级人民政府民政部门核准后，终止供养并予以公示。

具体到上面的案例中，钱奶奶的孙女已经长大成人，可以赡养钱奶奶了，钱奶奶有了赡养人，已经不再符合特困供养人员条件，钱奶奶应当及时告知街道办事处，由街道办事处按照流程审核报批后及时终止供养。

法　条

《社会救助暂行办法》

第十八条　特困供养人员不再符合供养条件的，村民委员会、居民委员会或者供养服务机构应当告知乡镇人民政府、街道办事处，由乡镇人民政府、街道办事处审核并报县级人民政府民政部门核准后，终止供养并予以公示。

《特困人员认定办法》

第二十五条　特困人员不再符合救助供养条件的，本人、照料服务人、村（居）民委员会或者供养服务机构应当及时告知乡镇人民政府（街道办事处），由乡镇人民政府（街道办事处）审核并报县级人民政府民政部门核准。

县级人民政府民政部门、乡镇人民政府（街道办事处）在工作中发现特困人员不再符合救助供养条件的，应当及时办理终止救助供养手续。

第二十六条　对拟终止救助供养的特困人员，县级人民政府民政部门应当通过乡镇人民政府（街道办事处），在其所在村（社区）或者供养服务机构公示。公示期为7天。

公示期满无异议的，县级人民政府民政部门应当从下月起终止救助供养。对公示有异议的，县级人民政府民政部门应当组织调查核实，在15个工作日内作出是否终止救助供养决定，并重新公示。对决定终止救助供养的，应当通过乡镇人民政府（街道办事处）将终止理由书面告知当事人、村（居）民委员会。

11. 已租用的廉租住房可以高价转租给他人吗？

案　情

王老太早年丧子，一直与丈夫相依为命。两人已经年迈，没有任何经济来源，生活非常困难。因符合申请廉租房的条件，在居委会的帮助下，两人申请了廉租房。后来，王老太的侄子因工作调任到外地，就想让王老太夫妇搬到他的旧房子里居住，王老太和老伴认为，他们搬过去住既可以帮侄子照顾旧宅，还可以将申请的廉租房以高价转租，获得一部分差价。可是，王老太的侄子告诉她，不能将廉租房高价转租给他人。那么请问，王老太可以将已租用的廉租房高价转租给他人吗？

解 析

国家为保障住房困难家庭的居住条件，允许其申请廉租住房。但在实际生活中，有人为了获得利润，将廉租住房高价转租给他人。此种行为是错误的，也是违反法律规定的。根据《廉租住房保障办法》第二十五条的规定，城市低收入住房困难家庭不得将所承租的廉租住房转借、转租或者改变用途。城市低收入住房困难家庭违反规定将廉租住房转租的，应当按照合同约定退回廉租住房。据此可知，享有廉租住房的主体不能将廉租住房转租给他人，一旦其转租的行为被发现，则要按照约定将廉租住房退回。法律这样规定是为保障社会秩序，若允许将廉租住房转租，可能会导致社会秩序的混乱。

在上面的案例中，因王老太夫妇符合廉租住房的申请条件，故其可以租住廉租住房。可是，他们不能将自己的廉租住房转租给他人，否则就将面临廉租住房被收回的风险。

法 条

《廉租住房保障办法》

第二十五条 城市低收入住房困难家庭不得将所承租的廉租住房转借、转租或者改变用途。

城市低收入住房困难家庭违反前款规定或者有下列行为之一的，应当按照合同约定退回廉租住房：

（一）无正当理由连续6个月以上未在所承租的廉租住房居住的；

（二）无正当理由累计6个月以上未交纳廉租住房租金的。

12. 在实施保障房政策时，政府是否对老年人有照顾？

案　情

沈大妈的丈夫去世多年，她也没有子女。年轻时，沈大妈一直靠打工为生。随着年龄的增长，沈大妈身体日渐衰弱，经常生病。由于孤苦无依，沈大妈的生活非常艰苦，自己一个人住在一间不到30平米的小房子里，条件非常差，而且房子随时有坍塌的风险。后来，沈大妈的邻居告诉她，她的条件符合申请廉租住房的条件，而且政府会优先照顾她，帮她申请廉租住房。那么请问，在实施保障房政策时，政府是否对老年人有照顾？

解　析

政府在实施保障房政策时对老年人有照顾。我国现行《老年人权益保障法》第三十二条规定，地方各级人民政府在实施廉租住房、公共租赁住房等住房保障制度或者进行危旧房屋改造时，应当优先照顾符合条件的老年人。据此可知，申请廉租住房、公共租赁住房或者进行危旧房屋改造时，符合条件的老年人都会优先受到政府照顾。法律之所以这样规定，是因为老年人属于弱势群体，必须保障老年人的基本生活，让其住有所居。

在上面的案例中，沈大妈邻居的说法是正确的。沈大妈是老年人，所以，她如果申请廉租住房，会受到政府的优先照顾。

法 条

《中华人民共和国老年人权益保障法》

第三十二条 地方各级人民政府在实施廉租住房、公共租赁住房等住房保障制度或者进行危旧房屋改造时，应当优先照顾符合条件的老年人。

13. 对于高龄津贴，法律是如何规定的？

案 情

朱某是一位年近九旬的老人，自从老伴于五年前去世后，他便一直跟随女儿生活。一天，朱某在小区里和其他老人散步时，听邻居杜老太说八十周岁以上的老人都享有高龄津贴。朱某回到家后，将其可以享受高龄津贴的事情告诉了女儿，说自己已经达到了享受高龄津贴的年龄，让女儿向其他人咨询一下相关的法律规定。那么请问，对于高龄津贴，法律是如何规定的？

解 析

国家为保障老年人的生活，建立了高龄津贴制度。对于老年人高龄津贴制度，我国《老年人权益保障法》第三十三条第一款和第二款规定，国家建立和完善老年人福利制度，根据经济社会发展水平和老年人的实际需要，增加老年人的社会福利。

国家鼓励地方建立八十周岁以上低收入老年人高龄津贴制度。实践中，各省市根据各自的经济条件制定了不同标准的高龄津贴制度。例如《上海市人民政府关于建立老年综合津贴制度的通知》就规定，“……具有本市户籍且年满 65 周岁的老年人，可以享受老年综合津贴……老年综合津贴标准按照年龄段共分为五档，具体如下：（一）65－69 岁，每人每月 75 元。（二）70－79 岁，每人每月 150 元。（三）80－89 岁，每人每月 180 元。（四）90－99 岁，每人每月 350 元。（五）100 岁及以上，每人每月 600 元”。据此可知，符合条件的老年人可以享受高龄津贴，各地的老年人高龄津贴制度是略有不同的。

在上面的案例中，杜老太的说法是正确的，朱某已经年近九旬，符合法律规定的享受高龄津贴的要求，其可以到当地民政部门或者基层人民政府咨询具体政策，并按照当地规定办理相关补贴手续。

法　条

《中华人民共和国老年人权益保障法》

第三十三条　国家建立和完善老年人福利制度，根据经济社会发展水平和老年人的实际需要，增加老年人的社会福利。

国家鼓励地方建立八十周岁以上低收入老年人高龄津贴制度。

国家建立和完善计划生育家庭老年人扶助制度。

农村可以将未承包的集体所有的部分土地、山林、水面、滩涂等作为养老基地，收益供老年人养老。

14. 经济困难的老年人合法权益受到侵害时，是否可申请法律援助？

案情

王大爷是某市居民，他的妻子在多年前已经去世，王大爷独自一人将三个子女抚养长大。如今王大爷已近古稀之年，三个子女却因为财产分割发生纠纷，都不对王大爷尽赡养义务。王大爷有高血压，常年需要吃药，而他自己也没有其他生活来源，只能靠微薄的退休金度日，生活非常困难。王大爷与子女几经沟通未果，又找到居委会调解还是没有效果，他只好决定到法院起诉三个子女，让他们履行赡养义务。但是王大爷经济非常困难，无法负担诉讼费用。那么请问，经济困难的老年人合法权益受到侵害时，是否可申请法律援助？

解析

当合法权益受到侵害时，经济困难的老年人有权申请法律援助。《老年人权益保障法》第五十六条规定，老年人因其合法权益受侵害提起诉讼交纳诉讼费确有困难的，可以缓交、减交或者免交；需要获得律师帮助，但无力支付律师费用的，可以获得法律援助。鼓励律师事务所、公证处、基层法律服务所和其他法律服务机构为经济困难的老年人提供免费或者优惠服务。据此可知，法律为保障老年人的合法权益，为其提供了一系列法律援助服务。

在上面的案例中，王大爷经济困难，子女拒不履行赡养义务，王大爷可以通过诉讼方式维权，若无力支付诉讼费用，其可以申请免交诉讼费。此外，如果王大爷需要律师帮助，也可以获得法律援助。

法 条

《中华人民共和国老年人权益保障法》

第五十六条 老年人因其合法权益受侵害提起诉讼交纳诉讼费确有困难的，可以缓交、减交或者免交；需要获得律师帮助，但无力支付律师费用的，可以获得法律援助。

鼓励律师事务所、公证处、基层法律服务所和其他法律服务机构为经济困难的老年人提供免费或者优惠服务。

15. 离退休人员再就业是否还可以享受工伤保险待遇?

案 情

吴某原来是某机械制造厂的工人，于前几年退休。退休后，吴某觉得自己身体还非常好，不能每天在家里闲着。因此，在朋友的介绍下，吴某在另一家工厂找到了一份工作，新的工作单位为他缴纳了工伤保险费。然而，在新的工作单位工作了一个月后，吴某在一次工作过程中因操作不慎导致左手两根手指被机器割断。事故发生后，吴某称工厂为自己缴纳了工伤保险，自己可以报销相关费用，但吴某的儿子认为他属于退休人员再就业，可能无法再享受工伤保险待遇。那么请问，离退休人员再就业是否还可以享受工伤保险待遇？

解 析

离退休人员再就业的，也可以享受工伤保险待遇。根据《工伤保险条例》第二条的规定，在中国境内的所有用人单位应当为其全部职工或者雇工缴纳工伤保险费，并且用人单位的职工有权享受工伤保险待遇。同时，《最高人民法院行政审判庭关于离退休人员与现工作单位之间是否构成劳动关系以及工作时间内受伤是否适用〈工伤保险条例〉问题的答复》中明确规定，离退休人员受聘于现工作单位，现工作单位已经为其缴纳了工伤保险费，其在受聘期间因工作受到事故伤害的，应当适用《工伤保险条例》的有关规定处理。据此可知，如果离退休人员再就业，只要用人单位为其缴纳了工伤保险费，其就可以享受工伤保险待遇。

在上面的案例中，虽然吴某属于退休人员再就业，但是新的工作单位为他缴纳了工伤保险费，所以，在吴某受伤后，他依然可以申请将其所受伤害认定为工伤，享受工伤保险待遇，吴某儿子的说法是错误的。

法 条

《工伤保险条例》

第二条 中华人民共和国境内的企业、事业单位、社会团体、民办非企业单位、基金会、律师事务所、会计师事务所等组织和有雇工的个体工商户（以下称用人单位）应当依照本条例规定参加工伤保险，为本单位全部职工或者雇工（以下称职工）缴纳工伤保险费。

中华人民共和国境内的企业、事业单位、社会团体、民办非企业单位、基金会、律师事务所、会计师事务所等组织的职工和个体工商户的雇工，均有依照本条例的规定享受工伤保险待遇的权利。

《最高人民法院行政审判庭关于离退休人员与现工作单位之间是否构成劳动关系以及工作时间内受伤是否适用〈工伤保险条例〉问题的答复》（2007年7月5日［2007］行他字第6号）

重庆市高级人民法院：

你院（2006）渝高法行示字第14号《关于离退休人员与现在工作单位之间是否构成劳动关系以及工作时间内受伤是否适用〈工伤保险条例〉一案的请示》收悉。经研究，原则同意你院第二种意见，即：根据《工伤保险条例》第二条、第六十一条等有关规定，离退休人员受聘于现工作单位，现工作单位已经为其缴纳了工伤保险费，其在受聘期间因工作受到事故伤害的，应当适用《工伤保险条例》的有关规定处理。

第九章

财产保护

1. 子女强行转走父母财产，父母可否通过诉讼要求返还？

案　情

雷某是一位退休教师，自从老伴去世后，一直一个人生活。自去年开始，雷某的身体状况逐渐恶化。儿子赵某为了方便照顾雷某，便将她接过来与自己一同居住。赵某在照顾雷某的三年里，累计取走了雷某约二十万元的存款，而用于雷某生活和医疗开支的金额不到五万元。雷某多次催促儿子赵某归还剩余的十五万元，赵某却认为，自己照顾母亲需要花费巨大精力和财力，而且自己是母亲唯一的继承人，对于母亲的财产，自己可以自由支配。赵某挥霍着雷某的退休金，也不出去工作，整日沉迷于网络游戏，这让雷某十分担心赵某的未来。最终，雷某忍无可忍，将赵某告上了法庭，要求他返还十五万元。那么，子女强行转走父母财产，父母可以通过诉讼要求返还吗？

解　析

子女强行转走父母财产，父母可以通过诉讼要求返还。首先，根据我国《民事诉讼法》第一百一十九条的规定，起诉要符合一定的条件，如原告是与本案有直接利害关系的公民；被告明确；有具体的诉讼请求和事实、理由；属于人民法院受理民事诉讼的范围和受诉人民法院管辖。其次，公民的财产权利受到法律的平等保护，公民对个人财产依法享有占有、使用、收益和处分的权利。

在上面的案例中，原告雷某是与案件有直接利害关系的公民，有明确的被告赵某，有具体的诉讼请求，即要求赵某归还十五万元；属于人民法院受理民事诉讼的范围和受诉人民法院管辖。雷某符合起诉的条件，而且雷某对个人财产依法享有占有、使用、收益和处分的权利，赵某的行为侵犯了雷某的财产权益，雷某可以要求赵某返还财物。作为子女，不得随意处置父母的财物，强行“啃老”也不符合中华民族传统美德和社会主义核心价值观。

法 条

《中华人民共和国民事诉讼法》

第一百一十九条 起诉必须符合下列条件：

（一）原告是与本案有直接利害关系的公民、法人和其他组织；

（二）有明确的被告；

（三）有具体的诉讼请求和事实、理由；

（四）属于人民法院受理民事诉讼的范围和受诉人民法院管辖。

《中华人民共和国民法典》

第一百一十三条 民事主体的财产权利受法律平等保护。

第二百四十条 所有权人对自己的不动产或者动产，依法享有占有、使用、收益和处分的权利。

2. 如何预防电信诈骗？

案　情

何大爷是一名退休教师，闲暇时爱好写作和画画，以丰富自己的业余生活。一天，何大爷接到了一个电话，电话里的人自称是某知名杂志社的编辑，可以帮何大爷发表文章，但是需要交三千元的版面费。何大爷原本不相信，但经过对方的游说，何大爷动心了，给对方转了三千元。一段时间之后，何大爷收到了一份“杂志”，上面刊登有自己的文章，这加深了何大爷对该“编辑”的信任。此后，何大爷一发不可收拾，不停地写文章，不停地给杂志社交版面费，累计被骗了三万多元人民币。那么，如何预防电信诈骗，减少财产损失呢？

解　析

社会发展日新月异，各类新事物层出不穷，诈骗团伙的手段也越来越高明。老年人对信息的获取渠道比较单一，对信息的分辨能力低下，极易成为诈骗团伙的目标群体。诈骗团伙一般会利用老年人关注健康和养生的特点，为老年人推荐一些价格高昂却没有什么实际效果的保健品；或者利用权威机构的威信和老年人对权威机构的敬畏，冒充权威机构工作人员，威胁老年人按照自己的要求转账，否则就会面临牢狱之灾；或者利用某些老年人爱占小便宜的心理，告诉他们中奖了，要兑奖就需要缴纳一定的费用；或者利用老年人的兴趣爱好，希望功成名就证明自己价值的心理，帮助他们实现愿望而进行诈骗，正如案例中想要发表文章被骗的何大爷。

要预防电信诈骗，首先要明确，骗子诈骗的目的是钱。因此，接到陌生电话之后，一旦对方要求自己转账，一定要多留一个心眼儿，不要相信天上掉馅饼的好事。关注健康和养生是好事，但是要解决病痛，提高生活质量，还是应该去正规的医院相信医生的诊疗，并且坚持锻炼，保持健康的生活习惯。此外，在对方要求转账时，还要仔细核查对方的身份。一旦意识到被骗，要保存证据，立刻报警。

法 条

《中华人民共和国刑法》

第二百六十六条 诈骗公私财物，数额较大的，处三年以下有期徒刑、拘役或者管制，并处或者单处罚金；数额巨大或者有其他严重情节的，处三年以上十年以下有期徒刑，并处罚金；数额特别巨大或者有其他特别严重情节的，处十年以上有期徒刑或者无期徒刑，并处罚金或者没收财产。本法另有规定的，依照规定。

3. 老年人被推销金融产品，购买后亏损可以追究金融机构的责任吗?

案 情

杨大爷六十五岁了，退休在家，闲来无事就和朋友喝喝茶、下下棋。杨大爷和朋友武大爷下棋时，听武大爷说他的退休工资都交给儿子做理财了，收益还不错。杨大爷听了之后很是心动，他问了武大爷的理财产品型号，默默记下来，打算第二天去银行买同款。第二天，杨大爷来到了银行，遗憾的是，工作人员告诉他他想买的那款理财产品已经卖完了。工作人员又向杨大爷推销了另一款利率为8%，一百万元起购且一年内不能支取的理财产品。杨大爷听了工作人员的介绍，感觉这款也不错，于是按照工作人员的要求进行了风险评估。杨大爷对金融产品的风险并不是很清楚，在工作人员的热心帮助下，才顺利完成了风险评估。杨大爷的评估结果为低风险。于是，工作人员拿出好几份合同，杨大爷没有仔细看合同（《资产管理合同》《风险揭示书》）就按照工作人员的要求签字了。后来杨大爷才了解到，自己不仅购买了一百万元的理财产品，还购买了五十万元的基金。基金属于高风险产品。两年后，杨大爷赎回了自己购买的金融产品，发现亏损了大约二十万元。那么，杨大爷被推销金融产品，购买后亏损可以追究金融机构的责任吗？

解　析

金融产品有风险，投资需谨慎。杨大爷被推销金融产品，购买后亏损是否可以追究金融机构的责任取决于金融机构是否对金融消费者的风险认知、风险偏好以及风险承受能力进行了详细测评，并且向金融消费者如实告知、详尽说明金融产品内容和主要风险因素，履行告知义务。

在上面的案例中，银行工作人员没有履行说明和告知义务，就为杨大爷推荐了超过他风险承受能力的基金产品，应该承担相应的责任。金融市场本来就有风险，杨大爷的亏损是由金融市场的正常波动造成的，因此，杨大爷本身也应该承担一定的责任。反之，如果银行尽到了提示说明义务，为杨大爷推销的也是符合其风险承受能力范围内的金融产品，银行则不需要承担责任。

法 条

《中华人民共和国民法典》

第四百九十六条 格式条款是当事人为了重复使用而预先拟定，并在订立合同时未与对方协商的条款。

采用格式条款订立合同的，提供格式条款的一方应当遵循公平原则确定当事人之间的权利和义务，并采取合理的方式提示对方注意免除或者减轻其责任等与对方有重大利害关系的条款，按照对方的要求，对该条款予以说明。提供格式条款的一方未履行提示或者说明义务，致使对方没有注意或者理解与其有重大利害关系的条款的，对方可以主张该条款不成为合同的内容。

第一千一百八十六条 受害人和行为人对损害的发生都没有过错的，依照法律的规定由双方分担损失。

4. “以房养老”真的安全可行吗?

案 情

六十五岁的周某膝下无子无女，妻子也在前几年去世。最近老周经他人介绍认识了王某，并知悉了王某向其推荐的“以房养老”老年人理财项目。该项目的方案是，周某将自己所拥有的住房以委托的形式交给王某，王某将该房屋进行抵押获得银行贷款，王某所在的投资公司将这笔贷款用于“稳定”投资，在投资期间王某会向周某每月支付两万元的生活费作为回报，同时周某还能继续在自己的房子里生活。周某听后十分动心，于是在2021年1月与王某签订了《委托代理合同》和《投资收益合同》。在连续三个月收到王某的投资收益款后，周某开始打消对这件事的疑虑。然而，2021年6月，王某突然失去了联系，同时银行发来催告函要求周某归还向银行借贷的二百万元，否则将拍卖周某的房屋。此时周某才发现自己可能遭到了诈骗。那么，周某现在还能够保住自己的房子吗？

解　析

"以房养老"全称为"反向抵押养老保险"，早在2014年，原保监会就发布《关于开展老年人住房反向抵押养老保险试点的指导意见》并选取了北京、上海、武汉、广州四座城市作为试点。"以房养老"是指拥有房屋产权的老人将自己所拥有的房屋抵押给保险公司，并且继续占有使用该房屋，保险公司按照约定支付老人的养老金直到老人身故，老人身故后保险公司完全获得该房屋的所有权。该项政策的初衷是为了缓解一些家庭的养老压力，确保孤独老人也能够老有所养、老有所居。但是，该项政策也被一些不法分子盯上，这些不法分子打着国家帮助养老的政策幌子，欺骗老年人将房屋抵押，最终自己将抵押款卷走，留下全部的风险让老年人承担，这种情况下老年人往往会处于人财两失的困境。

在上面的案件中，周某与王某签订《委托代理合同》属于对王某的委托授权，根据《民法典》第一百六十二条的规定，在代理权限内代理人实施的行为效果归属于被代理人，所以王某将周某的房子抵押给银行并获得款项的行为对周某是具有法律效果的。周某可能会认为，王某签订《委托代理合同》时带有欺诈目的，应当认定代理合同属于可撤销合同，但是即使认定代理合同存在欺诈，但根据《民法典》第一百七十二条规定的表见代理规则，因为该《委托代理合同》是周某自己签订的，王某已经获得周某的授权，相对人银行方不具有查明合同是否存在诈骗的可能，银行方有理由相信该代理行为是有效的。所以，银行获得的房屋抵押有效，一旦无法及时追回相关钱款，银行便可以申请执行抵押财产，周某便可能无法保留自己的房子。

所以，在“以房养老”还没有全面施行，相关制度还不够完善的情况下，不建议各位老年人用自己的房子去尝试。如果真的想要尝试“以房养老”，不建议通过中介或者代理机构，最好亲自去银行办理相关业务。

法条

《中华人民共和国民法典》

第一百四十八条 一方以欺诈手段，使对方在违背真实意思的情况下实施的民事法律行为，受欺诈方有权请求人民法院或者仲裁机构予以撤销。

第一百六十二条 代理人在代理权限内，以被代理人名义实施的民事法律行为，对被代理人发生效力。

第一百七十二条 行为人没有代理权、超越代理权或者代理权终止后，仍然实施代理行为，相对人有理由相信行为人有代理权的，代理行为有效。

5. 拾得他人物品后，是否可以要求给予报酬才归还？

案　情

2021 年 4 月的一个周末，天气非常好，午饭之后，已经退休的周某和老伴带着孙子到小区附近公园游玩。散步过程中，周某在休息区捡到了一个背包，打开后发现背包里有现金、银行卡、平板电脑以及一些纸质文件。不久后，周某就听到公园广播称董女士丢失了背包，里面有非常重要的文件，若拾得者归还则给予报酬三百元。听到广播后，周某便与公园管理人员取得联系。当董女士找到周某时，周某要求董女士给予自己一定的报酬，才能归还她的背包。那么请问，拾得他人物品后，是否可以要求给予报酬才归还？

解　析

现实生活中，拾得他人遗失物是非常常见的，但拾得他人遗失物后，是否有权要求他人给予一定的报酬呢？对此，我国《民法典》第三百一十七条明确规定，丢失物品的人在领取遗失物时，若拾得人支出了必要的管理费用，则权利人必须予以支付。此外，若权利人承诺给予拾得人一定的报酬，则其在领取遗失物时应履行承诺。据此可知，如果权利人悬赏寻找遗失物，则应兑现承诺。

在上面的案例中，周某拾得了董女士的背包，董女士在公园里通过广播的形式悬赏寻找遗失物，其已作出给予拾得者三百元报酬的承诺。因此，在周某将背包归还给董女士时，董女士应该履行自己的承诺，给予周某三百元的报酬。反之，若董女士未作出承诺，则周某不能要求给予报酬。当然，从道德层面而言，拾到他人的物品进行归还，是我们每个人的义务，也是一种道德品质的体现，在进行归还时不宜再向他人索要报酬。

法　条

《中华人民共和国民法典》

第三百一十七条　权利人领取遗失物时，应当向拾得人或者有关部门支付保管遗失物等支出的必要费用。

权利人悬赏寻找遗失物的，领取遗失物时应当按照承诺履行义务。

拾得人侵占遗失物的，无权请求保管遗失物等支出的费用，也无权请求权利人按照承诺履行义务。

6. 无人领取的遗失物在经过多久后归国家所有?

案　情

吴大爷的子女都在外地工作。一天早上，吴大爷和老伴一起到小区附近的菜市场买菜。买完菜后，两人在回家的路上，看到地上有一个十分精致的盒子。吴大爷便将盒子捡起来，打开一看，里面居然装着一条某著名品牌的钻石项链。吴大爷觉得这条项链十分贵重，马上将这条项链交给了派出所。后来，派出所通过多种方式发布了招领公告。可是，一直都没有人来认领这条项链。那么请问，无人领取的遗失物在经过多久后归国家所有？

解 析

对于丢失的遗失物，我国《民法典》第三百一十四条明确规定，拾得遗失物，应当返还权利人。拾得人应当及时通知权利人领取，或者送交公安等有关部门。同时，该法第三百一十五条也规定，有关部门收到遗失物，知道权利人的，应当及时通知其领取；不知道的，应当及时发布招领公告。此外，第三百一十八条还规定，遗失物自发布招领公告之日起一年内无人认领的，归国家所有。据此可知，“拾金不昧”既是法定义务，也是道德义务。但对于无人认领的遗失物，为了确定其归属，法律规定，遗失物自发布公告之日起一年后还没有确定权利人的，遗失物的所有权将归属于国家。

在上面的案例中，吴大爷和老伴在拾到钻石项链后，马上交给了当地派出所，他们的这种做法是正确的。派出所在收到遗失的钻石项链后，因无法确定权利人，所以发布了招领公告，但一直无人认领。若自公告发出之日起经过一年，仍旧无人认领，那么该钻石项链就归国家所有。

法 条

《中华人民共和国民法典》

第三百一十四条 拾得遗失物，应当返还权利人。拾得人应当及时通知权利人领取，或者送交公安等有关部门。

第三百一十五条 有关部门收到遗失物，知道权利人的，应当及时通知其领取；不知道的，应当及时发布招领公告。

第三百一十八条 遗失物自发布招领公告之日起一年内无人认领的，归国家所有。

7. 借款时自然人之间没有约定利息的，出借人在还款时还可以索要利息吗？

案情

王先生家经济条件非常好，他退休后就和妻子到南方安享晚年。2021 年 4 月，王先生的朋友单某找到他，称自己准备给儿子买一套房，需要首付四十万元，可现在还差十万元。单某想向王先生借款十万元，承诺一年后就还给他。王先生觉得自己与单某是朋友，便借给了单某十万元，并约定借款时间为一年。然而，双方并未约定利息。后来，王先生的妻子说应该约定利息的，王先生认为可以在还款时再要求单某支付利息。那么请问，借款时自然人之间没有约定利息的，出借人在还款时还可以索要利息吗？

解析

在实际生活中，朋友之间借钱是常事，可对于借款利息，碍于人情关系，往往不好开口。那么，在借款时没有约定利息，出借人在还款时还可以索要利息吗？对此，我国《民法典》第六百八十条第二款明确规定，借款合同对支付利息没有约定的，视为没有利息。据此可知，自然人之间借款时，双方如果在借款之初没有约定利息，那么在还款时出借人就不能再要求借款人支付利息。也就是说，出借人若要求借款人支付利息，就必须在借款合同中写明。否则，借款人就没有义务支付利息。

在上面的案例中，王先生在借钱给单某时，没有约定利息，就代表王先生放弃了要求单某支付利息的权利。因此，在借款期限届满时，王先生就不能再要求单某支付借款利息。王先生的说法是错误的。

法　条

《中华人民共和国民法典》

第六百八十条第二款　借款合同对支付利息没有约定的，视为没有利息。

8. 只在借款合同上签字，但未约定保证方式的保证人承担何种保证责任？

案　情

窦女士是某服装公司的设计师，工作两年后，准备自己成立一家工作室。但是，窦女士的资金不足，她便向自己的表姨张老太借钱。张老太答应借钱给窦女士，可是要求必须有保证人。于是，窦女士找到自己的好朋友孙某做保证人。双方签订了借款合同，并约定了借款利息，保证人孙某也在借款合同上签了字。但借款合同中并未说明孙某承担的是何种保证责任。那么请问，只在借款合同上签字，未约定保证方式的保证人承担何种保证责任？

解　析

关于保证方式，我国《民法典》第六百八十六条明确规定，保证的方式有一般保证和连带责任保证两种类型。对于保证方式，当事人在保证合同中没有约定或者约定不明确的，按照一般保证承担保证责任。由此可见，在借款合同中没有明确约定保证方式的，保证人只承担一般保证责任。若出借人准备让保证人承担连带责任保证，就应在保证合同中写明。同时，根据《民法典》第六百八十七条的规定，除特殊情况外，只有在债务人经法院审判或者仲裁，并经强制执行履行还款义务后，债务人仍不能履行债务的，一般保证的保证人才承担还款责任。

在上面的案例中，张老太与窦女士的借款合同中并未明确孙某应承担的保证责任是一般保证还是连带责任保证，因此，根据法律的规定，孙某作为保证人，其承担的只是一般保证责任。只有当窦女士经法院判决强制执行后仍无钱归还张老太时，孙某才承担保证责任。

法　条

《中华人民共和国民法典》

第六百八十六条　保证的方式包括一般保证和连带责任保证。

当事人在保证合同中对保证方式没有约定或者约定不明确的，按照一般保证承担保证责任。

第六百八十七条　当事人在保证合同中约定，债务人不能履行债务时，由保证人承担保证责任的，为一般保证。

一般保证的保证人在主合同纠纷未经审判或者仲裁，并就债务人财产依法强制执行仍不能履行债务前，有权拒绝向债权人承担保证责任，但是有下列情形之一的除外：

（一）债务人下落不明，且无财产可供执行；

（二）人民法院已经受理债务人破产案件；

（三）债权人有证据证明债务人的财产不足以履行全部债务或者丧失履行债务能力；

（四）保证人书面表示放弃本款规定的权利。

9. 对于借款利息，自然人是否可以自由约定？

案　情

方某原来自己经营一家工厂，后来，方某年纪大了，便将工厂交给儿子管理，自己开始安享晚年。由于方某拥有非常多的资产，退休后他就想学习理财。方某的朋友于某告诉他，可以通过民间借贷获得借款利息。后来，经于某介绍，方某与杜某签订了借贷合同，为获得高额利息，方某在合同中约定的年利率为25%。但是，方某的儿子告诉他，不能约定过高的利率，否则得不到法律的承认，约定了也是白费劲儿。那么请问，对于借款利息，自然人是否可以自由约定？

解　析

在实践中，自然人之间的民间借贷普遍存在。那么，对于民间借贷的利率，自然人是否可以在合同中随意约定呢？对此，我国《民法典》第六百八十条第一款规定，禁止高利放贷，借款的利率不得违反国家有关规定。对于借贷利率，《最高人民法院关于审理民间借贷案件适用法律若干问题的规定》第二十五条明确规定，“出借人请求借款人按照合同约定利率支付利息的，人民法院应予支持，但是双方约定的利率超过合同成立时一年期贷款市场报价利率四倍的除外。前款所称‘一年期贷款市场报价利率’，是指中国人民银行授权全国银行间同业拆借中心自2019年8月20日起每月发布的一年期贷款市场报价利率。”由此可见，自然人之间借款的利率应当根据国家规定的利率限制确定，当事人只能在该限额内自由约定，否则无法得到法院支持。

在上面的案例中，方某不能在借贷合同中约定过高的利率，如果其约定的利率超过每月发布的一年期贷款市场报价利率的四倍，则无法得到法院的支持，故方某儿子的说法是正确的。

法　条

《中华人民共和国民法典》

第六百八十条　禁止高利放贷，借款的利率不得违反国家有关规定。

借款合同对支付利息没有约定的，视为没有利息。

借款合同对支付利息约定不明确，当事人不能达成补充协议的，按照当地或者当事人的交易方式、交易习惯、市场利率等因素确定利息；自然人之间借款的，视为没有利息。

《最高人民法院关于审理民间借贷案件适用法律若干问题的规定》

第二十五条　出借人请求借款人按照合同约定利率支付利息的，人民法院应予支持，但是双方约定的利率超过合同成立时一年期贷款市场报价利率四倍的除外。

前款所称“一年期贷款市场报价利率”，是指中国人民银行授权全国银行间同业拆借中心自 2019 年 8 月 20 日起每月发布的一年期贷款市场报价利率。

10. 微信或 QQ 聊天记录是否可以作为证据证明借款事实的存在?

案　情

2020 年 3 月，赖某的好朋友于某向他借款两万元。由于两人是好朋友，赖某不好意思要求于某出具借条，只是通过微信转账的形式将钱转给于某。当时，两人约定借款期限为一年。2021 年 3 月，借款到期后，于某却否认曾经向赖某借钱。赖某非常生气，觉得自己辛苦攒的钱打了水漂，还被自己的好朋友伤害了。后来，赖某的儿子告诉他，他和于某的微信聊天和转账记录可以作为证据。为此，赖某准备以微信聊天和转账记录作为证据到法院起诉于某。那么请问，微信或 QQ 聊天记录是否可以作为证据证明借款事实的存在？

解　析

随着经济的发展，微信、QQ 等聊天工具在现实生活中已经普及，不但方便了人与人之间的沟通，转账、付款等也变得非常容易。那么，这些通讯工具中的聊天内容是否可以作为证据使用呢？我国《民事诉讼法》第六十三条第一款规定，证据包括电子数据。同时，《最高人民法院关于民事诉讼证据的若干规定》第十四条规定，手机短信、电子邮件、即时通信、通讯群组等网络应用服务的通信信息，以及用户注册信息、身份认证信息、电子交易记录、通信记录、登录日志等信息等都属于电子数据。由此可知，微信、QQ 聊天记录等属于电子数据，可以作为证据。

在上面的案例中，虽然赖某和于某之间没有签订借款合同，但是两人之间的微信聊天和转账记录可以作为电子数据，证明于某曾向赖某借钱。因此，赖某儿子的说法是正确的。

法　条

《中华人民共和国民事诉讼法》

第六十三条　证据包括：

（一）当事人的陈述；

（二）书证；

（三）物证；

（四）视听资料；

（五）电子数据；

（六）证人证言；

（七）鉴定意见；

（八）勘验笔录。

证据必须查证属实，才能作为认定事实的根据。

《最高人民法院关于民事诉讼证据的若干规定》

第十四条 电子数据包括下列信息、电子文件：

（一）网页、博客、微博客等网络平台发布的信息；

（二）手机短信、电子邮件、即时通信、通讯群组等网络应用服务的通信信息；

（三）用户注册信息、身份认证信息、电子交易记录、通信记录、登录日志等信息；

（四）文档、图片、音频、视频、数字证书、计算机程序等电子文件；

（五）其他以数字化形式存储、处理、传输的能够证明案件事实的信息。

11. 借条上未写明债权人，债权人是否还可以提起诉讼？

案 情

2020 年 4 月，张某的邻居赵某向其借款十万元，并出具了借条，约定了借款数额和还款日期。但是，在借条上并未写明张某是债权人。因没有经验，张某当时也未要求赵某在借条上写明自己是债权人。后来，张某的妻子看到借条后，认为借条的内容不完整，称到时赵某如果不按时还钱，张某将无法向法院起诉。对此，张某非常担心，他准备咨询法律专业人士。那么请问，借条上未写明债权人，债权人是否还可以提起诉讼？

解　析

一般情况下，借条或借据上应当载明出借人、借款人、借款数额和还款日期等事项。然而，在现实生活中，许多当事人在借条上可能会遗漏债权人、借款人等重要信息。那么此时债权人是否还可以向法院起诉？对此，《最高人民法院关于审理民间借贷案件适用法律若干问题的规定》第二条第二款明确规定，当事人持有的借据、收据、欠条等债权凭证没有载明债权人，持有债权凭证的当事人提起民间借贷诉讼的，人民法院应予受理。据此可知，即便借条上未写明债权人，债权人也可以向法院起诉。法律这样规定，是为了切实保障债权人的合法权益。但这并不意味着债权人一定能胜诉，人民法院审查之后发现持证人不具有债权人资格（非为债权人或相关权利人）的，法院将依法驳回起诉。

在本案中，借款人赵某出具的借条上虽然没有写明张某是债权人，但如果赵某未按时还钱，张某持有借条，他依然可以以借条作为证据向法院起诉。故张某妻子的说法是错误的。

法 条

《最高人民法院关于审理民间借贷案件适用法律若干问题的规定》

第二条 出借人向人民法院提起民间借贷诉讼时，应当提供借据、收据、欠条等债权凭证以及其他能够证明借贷法律关系存在的证据。

当事人持有的借据、收据、欠条等债权凭证没有载明债权人，持有债权凭证的当事人提起民间借贷诉讼的，人民法院应予受理。被告对原告的债权人资格提出有事实依据的抗辩，人民法院经审查认为原告不具有债权人资格的，裁定驳回起诉。

12. 献爱心赠与他人财产后，还可以反悔吗？

案 情

徐某原来是某企业的董事长，后将事业交给自己的儿子管理，退休在家安享晚年。徐某自从年轻时，就一直非常热心公益事业。2021 年 1 月，徐某准备捐赠给某贫困山村价值一百万元的农业机器，以助力当地经济发展。可是，在徐某和当地政府签订赠与合同后，徐某的公司出现了资金链断裂，于是他准备拿自己的这笔资金帮助公司渡过难关。对此，徐某的助理告诉他，具有扶贫性质的赠与合同不得撤销，他只能履行赠与。那么请问，献爱心赠与他人财产后，还可以反悔吗？

解 析

《民法典》第六百五十七条规定，赠与合同是赠与人将自己的财产无偿给予受赠人，受赠人表示接受赠与的合同。一般情况下，赠与人可以撤销赠与合同。但是，对于具有公益性质的合同，赠与人是不能撤销的。对于这些依法不得撤销的具有救灾、扶贫、助残等公益、道德义务性质的赠与合同，赠与人不交付赠与财产的，受赠人可以请求交付。此外，如果因赠与人故意或者重大过失致使赠与财产毁损、灭失的，赠与人还应当承担赔偿责任。由此可知，公益性质的赠与合同，若赠与人非故意或者重大过失导致赠与物毁损、灭失的，赠与人就无须再交付赠与物。否则，赠与人就必须按照合同履行约定。

在上面的案例中，徐某与当地政府签订的赠与合同属于公益性质的合同，不能随意撤销。此外，徐某所捐赠的财产也并未毁损或灭失，因此，他必须按照约定履行合同。

法 条

《中华人民共和国民法典》

第六百五十七条 赠与合同是赠与人将自己的财产无偿给予受赠人，受赠人表示接受赠与的合同。

第六百六十条 经过公证的赠与合同或者依法不得撤销的具有救灾、扶贫、助残等公益、道德义务性质的赠与合同，赠与人不交付赠与财产的，受赠人可以请求交付。

依据前款规定应当交付的赠与财产因赠与人故意或者重大过失致使毁损、灭失的，赠与人应当承担赔偿责任。

第十章

人身保护

1. 捡拾废品被腐蚀物烧伤，丢弃腐蚀物的人需要承担侵权责任吗?

案 情

郑大爷是某小区居民，退休之后和妻子在家安享晚年。郑大爷闲来无事，喜欢到小区周围捡废品。一天，郑大爷看到小区附近的一个垃圾桶旁边放着一个瓶子，便将瓶子打开，准备将里面的“水”倒掉捡走瓶子，然而，瓶子里面的“水”居然是硫酸，硫酸洒在了郑大爷手上，导致他的手被严重烧伤。后来，民警经过调查才知道，这瓶硫酸是附近经营门店的范某扔在垃圾桶旁边的。那么请问，范某是否需要对郑大爷承担侵权责任?

解 析

由于垃圾管理还不够规范，我们日常投放垃圾也不注意分类，造成捡拾废品被强腐蚀性、高致病性的物质伤害的现象时有发生，而一旦被此类物质伤害，可能会造成重伤。对于丢弃腐蚀物的人是否需要承担损害赔偿责任的问题，我国《民法典》第一千二百三十九条规定，占有或者使用易燃、易爆、剧毒、高放射性、强腐蚀性、高致病性等高度危险物造成他人损害的，占有人或者使用人应当承担侵权责任；但是，能够证明损害是因受害人故意或者不可抗力造成的，不承担责任。被侵权人对损害的发生有重大过失的，可以减轻占有人或者使用人的责任。据此可知，只有在受害人故意或者因不可抗力的情况下，侵权人才能免除随意丢弃高度危险物的侵权损害赔偿责任。法律这样规定，是为了让高度危险物的占有人尽到注意义务，减少损害他人健康的可能性。

在本案中，范某明知硫酸具有很强的腐蚀性，仍然将装有硫酸的瓶子扔到垃圾桶附近。而郑大爷在捡拾废品时无法想到瓶子里面是硫酸。因此，范某存在过错，对于硫酸等强腐蚀性的高度危险物，范某应采用正确的方式处理，而不能将其随意丢弃。所以，对于给郑大爷造成的损害，范某应承担相应的损害赔偿责任。

法　条

《中华人民共和国民法典》

第一千二百三十九条　占有或者使用易燃、易爆、剧毒、高放射性、强腐蚀性、高致病性等高度危险物造成他人损害的，占有人或者使用人应当承担侵权责任；但是，能够证明损害是因受害人故意或者不可抗力造成的，不承担责任。被侵权人对损害的发生有重大过失的，可以减轻占有人或者使用人的责任。

2. 有权决定捐献器官的主体是谁？捐献器官决定是否必须采用书面形式？

案　情

张老太的儿子方某因患白血病死亡。儿子去世后，张老太非常伤心。更令张老太伤心的是，她的儿媳吴某准备将儿子的器官捐献出去帮助他人。张老太得知后，坚决不同意，她不想让儿子“死无全尸”，极力阻止儿媳吴某的做法。吴某一直劝说张老太，告诉张老太这也是方某的遗愿，并且方某在生前留下的遗嘱中已经写明，在他去世后将可以用的器官捐献给他人。但张老太认为自己是儿子的母亲，有权决定是否要捐献他的器官。那么请问，有权捐献器官的主体是谁？捐献器官决定应采用何种形式作出？

解 析

我国《民法典》第一千零六条第一款和第二款规定，完全民事行为能力人有权依法自主决定无偿捐献其人体细胞、人体组织、人体器官、遗体。任何组织或者个人不得强迫、欺骗、利诱其捐献。完全民事行为能力人同意捐献的，应当采用书面形式，也可以订立遗嘱。这里的“完全民事行为能力人”，是指十八周岁以上可以独立实施民事法律行为的人、十六周岁以上且以自己的劳动收入为主要生活来源的未成年人。据此可知，具有完全民事行为能力的自然人可以自主决定是否捐献器官，而精神病人、未成年人等非完全民事行为能力人不可以实施捐献行为。此外，同意捐献器官必须采用书面形式，或者订立遗嘱。

在上面的案例中，方某是完全民事行为能力人，有权决定将自己的器官捐献给他人。而且，方某生前已经订立了遗嘱，在遗嘱中明确死亡后将器官捐献给他人。所以，方某捐献器官的行为是具有法律效力的。张老太的心情可以理解，但是即使是当事人的父母，也无权干涉其捐献器官的意志。

法　条

《中华人民共和国民法典》

第十八条　成年人为完全民事行为能力人，可以独立实施民事法律行为。

十六周岁以上的未成年人，以自己的劳动收入为主要生活来源的，视为完全民事行为能力人。

第一千零六条第一款　完全民事行为能力人有权依法自主决定无偿捐献其人体细胞、人体组织、人体器官、遗体。任何组织或者个人不得强迫、欺骗、利诱其捐献。

第二款　完全民事行为能力人依据前款规定同意捐献的，应当采用书面形式，也可以订立遗嘱。

3. 死者的配偶、子女或父母是否有权决定捐献死者的器官？

案　情

路先生是某企业的职工，他和妻子只有一个儿子。2021 年 4 月，路先生突然接到电话，他的儿子在上班的路上发生车祸死亡。儿子去世后，路先生一家非常伤心。几经考虑，路先生准备将儿子的器官捐献出去，希望儿子可以以另一种方式继续活在人世间。可是，路先生正在上大学的孙女小米不同意。路先生认为，孙女是小孩子，她无权决定大人的事情。而小米认为自己都二十岁了，已经成年了，有权决定是否捐献父亲的器官。那么请问，死者的配偶、子女或父母是否有权决定捐献死者的器官？

解　析

现实生活中，自然人生前可能并未表示捐献器官，但是，在其去世后，他的家人可能会出于某种想法而决定捐献其器官。那么，死者的配偶、子女或父母是否可以决定捐献死者的器官呢？对此，我国《民法典》第一千零六条第三款规定，自然人生前未表示不同意捐献器官的，该自然人死后，其配偶、成年子女、父母可以书面形式共同决定捐献。由此可知，自然人生前没有作出不捐献器官的意思表示的，其死亡后，经过其配偶、成年子女、父母协商一致，才能捐献器官。也就是说，若死者的配偶、成年子女、父母没有作出共同一致的决定，或者其生前明确表示拒绝捐献器官的，任何人都不能擅自决定捐献其器官。

在上面的案例中，路先生作为父亲，不能一个人擅自决定捐献儿子的器官，他的孙女小米已经是成年人，故有权作出是否捐献父亲器官的决定。只有在路先生、路先生的妻子、儿媳和孙女一致同意的情况下，陆先生才能捐献儿子的器官。

法　条

《中华人民共和国民法典》

第一千零六条第三款　自然人生前未表示不同意捐献的，该自然人死亡后，其配偶、成年子女、父母可以共同决定捐献，决定捐献应当采用书面形式。

4. 在哪些情况下，未经肖像权人的同意使用其肖像是合法的?

案 情

一次，章大妈到超市购物，在回家的路上被人抢了钱包。此时，路过的大学生小成帮助章大妈追回了钱包。对于小成乐于助人的行为，章大妈非常感激。后来，该事件被当地电视台作为新闻进行报道，播放了某摄像头记录的事发现场情景。新闻播出当天，章大妈发现自己也上了电视，章大妈认为，电视台未经自己同意，就擅自使用自己的肖像，这种行为是违法的。而章大妈的儿子告诉她，电视台进行新闻报道，可以未经章大妈的同意使用她的肖像。那么请问，在哪些情况下，未经肖像权人的同意就使用其肖像是合法的?

解 析

章大妈儿子的说法是正确的。一般情况下，使用他人的肖像需要经过肖像权人的同意。但在法律规定的几种特定情况下，行为人可以不经过肖像权人同意就使用其肖像。根据我国《民法典》第一千零二十条的规定，这几种情况主要包括：(一) 为个人学习、艺术欣赏、课堂教学或者科学研究，在必要范围内使用肖像权人已经公开的肖像；(二) 为实施新闻报道，不可避免地使用肖像权人的肖像；(三) 国家机关为依法履行职责，在必要范围内使用肖像权人的肖像；(四) 为展示特定公共环境，不可避免使用肖像权人的肖像；(五) 为维护公共利益或者肖像权人合法权益，使用肖像权人的肖像。可见，在上述五种情况下，可以不经肖像权人的同意而使用其肖像，这并不属于违法侵权行为。

在上面的案例中，电视台为实施新闻报道而使用了章大妈的肖像，这属于法律规定的合理行为，不必经过章大妈的同意。电视台使用章大妈肖像的行为并不构成侵权，章大妈儿子的说法是正确的。

法 条

《中华人民共和国民法典》

第一千零二十条 合理实施下列行为的，可以不经肖像权人同意：

（一）为个人学习、艺术欣赏、课堂教学或者科学研究，在必要范围内使用肖像权人已经公开的肖像；

（二）为实施新闻报道，不可避免地制作、使用、公开肖像权人的肖像；

（三）为依法履行职责，国家机关在必要范围内制作、使用、公开肖像权人的肖像；

（四）为展示特定公共环境，不可避免地制作、使用、公开肖像权人的肖像；

（五）为维护公共利益或者肖像权人合法权益，制作、使用、公开肖像权人的肖像的其他行为。

5. 在微信群里指责某人不守承诺，是对他人名誉权的侵犯吗？

案 情

老王与老苏同住一个小区，两人经常一起散步、下棋。老王因儿子结婚急需用钱，老苏出于好心，马上拿出五万元钱借给了老苏。老王告诉老苏，他只借一年，到时候肯定连本带利归还。当时老苏觉得自己和老王是好朋友，没有必要开具借条。一年后，老苏让老王还钱，称自己现在需要用钱。可是，老王却以各种理由推脱，一直都没有还钱。后来，老苏的妻子住院，老王得知后不仅没有去看望，而且几经催要依旧拒不还钱。一气之下，老苏在小区业主微信群里指责老王欠钱不还，不守承诺。为此，老王认为老苏公开在微信群里指责自己，损害了自己的名誉。那么请问，老苏的行为是否属于侵害他人名誉权的行为？

解 析

公民享有名誉权，公民的人格尊严受法律保护，禁止用侮辱、诽谤等方式损害公民的名誉。我国《民法典》第一千零二十四条第一款规定，民事主体享有名誉权。任何组织或者个人不得以侮辱、诽谤等方式侵害他人的名誉权。同时，《网络安全法》第十二条第二款也规定，不得利用网络侵害他人名誉。据此可知，自然人的名誉权受法律保护。但是，某一行为若要构成名誉侵权，需满足以下条件：一是因他人的侮辱、诽谤等行为导致受害人的社会评价降低；二是行为人发布的信息或陈述含有侮辱性语言，并且是虚假的；三是行为人侵害受害人名誉权的行为评价需要为受害人以外的人所知悉；四是行为人有过错。反之，若行为人所发布的信息是客观存在的，即使对受害人的名誉造成一定损害，也不属于侵害名誉权的行为。

在上面的案例中，虽然老苏在小区业主微信群中指责老王欠钱不还，不守承诺，导致他人对老王的社会评价降低，但老苏所陈述的是客观事实，并非弄虚作假。因此，老苏的行为并不属于侵害名誉权。当然，老苏的这一行为也并不可取，老王欠钱不还，老苏可以请求居委会帮忙，或者向法院提起诉讼，通过合法途径维权。毕竟侵权和维权的界限有时并不明显，当事人把握不好分寸，就可能会侵害他人的合法权益，得不偿失。

法　条

《中华人民共和国民法典》

第一千零二十四条　民事主体享有名誉权。任何组织或者个人不得以侮辱、诽谤等方式侵害他人的名誉权。

名誉是对民事主体的品德、声望、才能、信用等的社会评价。

《中华人民共和国网络安全法》

第十二条　国家保护公民、法人和其他组织依法使用网络的权利，促进网络接入普及，提升网络服务水平，为社会提供安全、便利的网络服务，保障网络信息依法有序自由流动。

任何个人和组织使用网络应当遵守宪法法律，遵守公共秩序，尊重社会公德，不得危害网络安全，不得利用网络从事危害国家安全、荣誉和利益，煽动颠覆国家政权、推翻社会主义制度，煽动分裂国家、破坏国家统一，宣扬恐怖主义、极端主义，宣扬民族仇恨、民族歧视，传播暴力、淫秽色情信息，编造、传播虚假信息扰乱经济秩序和社会秩序，以及侵害他人名誉、隐私、知识产权和其他合法权益等活动。

6. 荣誉称号应当记载而未被记载的，应该怎么办？

案 情

王某是某小区居委会的成员，平日里非常乐于助人，只要大家有困难，王某随时会伸出援手。为此，大家都非常感激王某。2021 年 1 月，区里评选“先进个人”，大家都推荐王某，王某也成功当选。后来，区里将获得“先进个人”称号的名单公布在当地政府网站上。可是，王某发现自己并不在名单上。王某的丈夫让王某向区政府反映该问题，但王某认为都已经评选上了，是否在名单里就不重要了。王某的丈夫认为，这是王某的荣誉权，她应该维护。那么请问，荣誉称号应当记载而未被记载的，应该怎么办？

解 析

荣誉是一种正式且积极的社会评价，通常由政府、单位团体或者其他组织等授予，是为了表彰那些在社会生产或生活中具有突出贡献或者突出表现的特定民事主体。我国《民法典》第一千零三十一条第一款规定，民事主体享有荣誉权。任何组织或者个人不得非法剥夺他人的荣誉称号，不得诋毁、贬损他人的荣誉。可见，自然人的荣誉权受到法律的保护。此外，该条第二款还规定，民事主体获得的荣誉称号应当记载而没有记载的，可以请求记载；记载错误的，可以请求更正。

在上面的案例中，王某获得了区政府授予的“先进个人”称号，其应当在公布的名单上，但是名单上却未记载王某的名字。此时，王某可以向区政府相关部门提出请求，让其补充自己的名字，以维护自己的合法权益。王某丈夫的说法是正确的。

法　条

《中华人民共和国民法典》

第一千零三十一条　民事主体享有荣誉权。任何组织或者个人不得非法剥夺他人的荣誉称号，不得诋毁、贬损他人的荣誉。

获得的荣誉称号应当记载而没有记载的，民事主体可以请求记载；获得的荣誉称号记载错误的，民事主体可以请求更正。

7. 动物饲养人未采取保护措施，受害人挑逗动物导致被咬伤，饲养人是否可以减轻责任？

案　情

于老太的丈夫多年前已经去世，子女也都在外地上班，于老太一直一个人居住。为了缓解孤独，于老太买了一只宠物狗，傍晚时，她经常带着宠物狗出门散步。一天傍晚，于老太又带着自己的宠物狗出门遛弯。于老太正在和其他人聊天时，小云看到于老太的宠物狗非常可爱，便拿出一根火腿挑逗，结果被狗咬伤。小云被咬伤后，要求于老太承担全部医药费。于老太认为，是小云故意逗狗才导致受伤的，而小云认为是于老太没有拴狗绳导致的。那么请问，在此种情况下，于老太是否可以减轻责任？

解 析

实际生活中，因挑逗宠物而被咬伤的情况时有发生。那么，此种情况下，宠物的饲养人是否可以减轻责任呢？对此，我国《民法典》第一千二百四十六条规定，违反管理规定，未对动物采取安全措施造成他人损害的，动物饲养人或者管理人应当承担侵权责任；但是，能够证明损害是因被侵权人故意造成的，可以减轻责任。因为如果受害人存在过错，法律却不允许减轻侵权人的责任，继续让侵权人为受害人的过错买单的话，对动物饲养人是不公平的。

在上面的案例中，虽然于老太在遛狗时没有拴狗绳，属于未对动物采用安全措施，存在过错。但是小云故意挑逗于老太的宠物狗，也存在一定的过错，因此可以减轻于老太的赔偿责任。

法 条

《中华人民共和国民法典》

第一千二百四十六条 违反管理规定，未对动物采取安全措施造成他人损害的，动物饲养人或者管理人应当承担侵权责任；但是，能够证明损害是因被侵权人故意造成的，可以减轻责任。

8. 被高空坠物砸伤且无法确定侵权人的，应当由谁承担侵权责任？

案　情

2021 年 4 月，杜某的女儿结婚，亲朋好友都赶来参加女儿的婚礼。婚礼结束后，杜某和妻子刚走进小区，杜某就被旁边 5 号楼掉下来的一个玻璃瓶砸伤。杜某为此住院近一个月，花了近三万元医药费。事后小区物业进行了调查，但是无法确定玻璃瓶是谁扔的。之后公安机关介入调查，也未能确定。对此，杜某感觉自己十分倒霉，不知道应当找谁承担侵权责任。杜某的妻子非常气愤，她说既然找不到户主，就让整栋楼的住户一起赔偿。那么请问，被高空坠物砸伤且无法确定侵权人的，应当由谁承担责任？

解　析

对于被高空坠物砸伤且无法确定侵权人的情况，为保障受害人的合法权益，我国《民法典》第一千二百五十四条规定，从建筑物中抛掷物品或者从建筑物上坠落的物品造成他人损害，经调查难以确定具体侵权人的，除能够证明自己不是侵权人的外，由可能加害的建筑物使用人给予补偿。可能加害的建筑物使用人补偿后，有权向侵权人追偿。此外，物业服务企业有义务采取必要的安全保障措施，否则应承担相应的侵权责任。也就是说，如果无法确定加害人，则由所有可能的加害人承担赔偿责任，找到真正的侵权人后，赔偿人可以向真正的侵权人追偿。而在这一过程中，如果物业服务企业没有尽到必要的安全保障义务，也需要承担侵权责任。

在上面的案例中，杜某被高空坠物砸伤，因无法确定具体的侵权人，故应当由5号楼整栋楼的业主共同承担侵权责任，如果某一业主可以证明自己不是侵权人，如能够证明自己当时不在家，则可以免除责任。另外，若物业服务企业未采取必要的安全保障措施，也要承担相应的责任。

法　条

《中华人民共和国民法典》

第一千二百五十四条　禁止从建筑物中抛掷物品。从建筑物中抛掷物品或者从建筑物上坠落的物品造成他人损害的，由侵权人依法承担侵权责任；经调查难以确定具体侵权人的，除能够证明自己不是侵权人的外，由可能加害的建筑物使用人给予补偿。可能加害的建筑物使用人补偿后，有权向侵权人追偿。

物业服务企业等建筑物管理人应当采取必要的安全保障措施防止前款规定情形的发生；未采取必要的安全保障措施的，应当依法承担未履行安全保障义务的侵权责任。

发生本条第一款规定的情形的，公安等机关应当依法及时调查，查清责任人。

9. 在公共道路上堆放物品造成他人损害的，应当由谁承担责任？

案　情

赵大爷是某小区居民。一天晚上，赵大爷的妻子让赵大爷去超市买酱油。买好酱油后，在回家的路上，因为天黑没有看清，赵大爷被路上堆放的垃圾绊倒而摔伤。经过诊断，赵大爷脑部受到严重撞击，有脑出血的现象。后来，赵大爷的子女找到小区的物业公司，认为他们没有及时对小区的公共道路进行清理，导致赵大爷受伤，应由物业公司承担赔偿责任。但是，物业公司认为是赵大爷自己不小心摔伤的，物业公司没有任何责任。那么请问，在公共道路上堆放物品造成他人损害的，应当由谁承担责任？

解 析

我国《民法典》第一千二百五十六条规定，在公共道路上堆放、倾倒、遗撒妨碍通行的物品造成他人损害的，由行为人承担侵权责任。公共道路管理人不能证明已经尽到清理、防护、警示等义务的，应当承担相应的责任。据此可知，对于在公共道路上堆放物品造成他人损害的情况，除非公共道路管理人有证据证明其已经尽到了管理义务，否则应承担损害赔偿责任。

在上面的案例中，物业公司作为小区公共道路管理人，有义务对道路上的垃圾进行及时清理。因其未尽到清理义务，导致赵大爷摔伤，故物业公司应承担相应的损害赔偿责任。因此，赵大爷的子女要求物业公司承担损害赔偿责任的做法是正确的。

法 条

《中华人民共和国民法典》

第一千二百五十六条 在公共道路上堆放、倾倒、遗撒妨碍通行的物品造成他人损害的，由行为人承担侵权责任。公共道路管理人不能证明已经尽到清理、防护、警示等义务的，应当承担相应的责任。

10. 缺陷产品致人损害，受害人应如何维权？

案 情

2021年元旦时，陆大妈和老伴到某商场购物，看到商场正在做活动，电饭锅打八折。由于家里的电饭锅已经老化了，陆大妈便买了一个新的电饭锅。将电饭锅买回家后，陆大妈便用新买的电饭锅蒸米饭。然而，在陆大妈炒菜时，电饭锅突然发生爆炸，导致陆大妈的脸部严重受伤，眼睛需要手术。事故发生后，陆大妈才得知原来该款电饭锅属于缺陷产品，而厂家未及时召回。那么请问，缺陷产品致人损害，受害人应如何维权？

解 析

实际生活中，缺陷产品致人损害的情况时有出现。那么，当缺陷产品致人损害时，应当由谁承担侵权责任？我国《民法典》第一千二百零二条、第一千二百零三条规定，因产品存在缺陷造成他人损害的，生产者应承担侵权责任。被侵权人可以向产品的生产者请求损害赔偿，也可以向产品的销售者请求赔偿。产品缺陷由生产者造成的，销售者赔偿后，有权向生产者追偿。因销售者的过错使产品存在缺陷的，生产者赔偿后，有权向销售者追偿。法律之所以这样规定，是为了规范生产者的生产行为和销售者的营销行为，也是为了更好地保护消费者的合法权益。

在上面的案例中，陆大妈因电饭锅存在缺陷而受到伤害，其既可以要求商场承担损害赔偿责任，也可以要求该电饭锅的生产厂家承担赔偿责任。商场在承担责任后，可以向生产厂家追偿。对于请求损害赔偿的方式，根据《消费者权益保护法》第三十九条的规定，陆大妈可以采取以下方式：（一）协商和解；（二）请求调解；（三）向有关行政部门投诉；（四）提请仲裁；（五）提起诉讼。

法　条

《中华人民共和国民法典》

第一千二百零二条　因产品存在缺陷造成他人损害的，生产者应当承担侵权责任。

第一千二百零三条　因产品存在缺陷造成他人损害的，被侵权人可以向产品的生产者请求赔偿，也可以向产品的销售者请求赔偿。

产品缺陷由生产者造成的，销售者赔偿后，有权向生产者追偿。因销售者的过错使产品存在缺陷的，生产者赔偿后，有权向销售者追偿。

《中华人民共和国消费者权益保护法》

第三十九条　消费者和经营者发生消费者权益争议的，可以通过下列途径解决：

（一）与经营者协商和解；

（二）请求消费者协会或者依法成立的其他调解组织调解；

（三）向有关行政部门投诉；

（四）根据与经营者达成的仲裁协议提请仲裁机构仲裁；

（五）向人民法院提起诉讼。

第十一章

社会参与、优待

1. 涉及老年人权益的法规和政策的制定，应该听取老年人的意见吗？

案　情

A市政府为了丰富老年人的生活，决定在市郊兴建一栋老年人活动中心。但是，对于老年人活动中心应当设置什么项目、是否需要增派班车以及是否需要向老年人收取一定门票费用等一系列问题，各项目负责人之间产生了较大分歧，大家各有自己的看法和理由，一时间工作难以开展。刚到市政府办公室上班的小王建议，市政府应当听取老年人的意见并在吸收相关意见的基础上设定老年人活动中心的标准。那么，小王的建议可行吗？涉及老年人权益的法规和政策的制定，应当听取老年人的意见吗？

解　析

法律的生命在于执行，而有效的执行依据是法律制度的合理性表现之一。只有切实做到贴近实际、关心相关群体利益，法律才能够为百姓所接受，才能够在社会中有效实行。好的法律不仅需要规范人的行为，更重要的是也要为人民群众提供切实有效的便利。

在处理涉及老年人权益的问题时，老年人群体才是最具有发言权的。根据《老年人权益保障法》第六十八条的规定，在制定涉及老年人重大权益的法律、法规、规章和公共政策时，应当听取老年人和老年人组织的意见。从该项规定可以看出，国家对相关部门制定关于老年人的法律、法规、规章和公共政策时有听取老年人意见的义务规定，赋予了老年人对涉及自身利益的法律、法规等提出意见的权利。因此，在上面的案例中，小王的建议是合法的、更是可行的。老年朋友们走过的桥比年轻人走过的路还多，应当多向国家与社会献言献策。

法　条

《中华人民共和国老年人权益保障法》

第六十八条　制定法律、法规、规章和公共政策，涉及老年人权益重大问题的，应当听取老年人和老年人组织的意见。

老年人和老年人组织有权向国家机关提出老年人权益保障、老龄事业发展等方面的意见和建议。

2. 从为老年人服务的角度看，医疗机构可以采取哪些措施提高对老年人的服务水平？

案　情

某县是工业大县，县内有多家工厂，同时也有许多退休老员工。为了照顾退休老员工的利益，同时保证医疗资源的准确对接，该县政府和各家工厂联合决定出资建造一家老年人医院。但是因为对老年人医院的相关市场开拓没有完善的经验，项目在规划阶段就遇到了瓶颈。那么，医疗机构可以采取哪些措施提高对老年人的服务水平呢？

解　析

保障老年人病有所医，不仅应该从完善医疗保险制度方面考虑，还应该从提高医疗服务方面入手。医疗组织服务老年人健康事业，大致分为精神和物质两个层面。从精神层面上来说，首先，医疗服务组织应当做到关爱老年人，尊重老年人。具体表现如将尊重老年人的行为要求写进职工手册或行为守则。其次，医疗机构可以开办老年人心理咨询窗口，与志愿者服务机构合作，定期开展探望老年人的活动，给予生病住院的老年人一些陪伴和照顾，在条件允许的情况下，部分医院还可以进行养老院义诊。从物质层面上来说，首先，要为老年人营造良好的就诊环境。医院在门诊、急诊部应当配备辅助移乘设备（如轮椅、平车等）并方便取用，在医院主要出入口处应当设有方便老年人上下车的临时停车区和安全标识。其次，要保证老年人就诊服务的高效，疫情期间很多老年人因为不会使用智能手机而面临着无法出门的窘境，这种情况在医院也时有发生。可以增设志愿者为老年人提供相应的挂号服务，同时也要保证现金的收取，确保老年人能够有效就医。另外，针对老年人的身体特征，可以多开设慢性病治疗诊室、适当增加医院病床数量。有条件的医院还可以向行动不便的老年人提供远程问诊或上门就诊服务，让老年人足不出户就享受到医疗服务。

法　条

《中华人民共和国老年人权益保障法》

第二十九条　国家通过基本医疗保险制度，保障老年人的基本医疗需要。享受最低生活保障的老年人和符合条件的低收入家庭中的老年人参加新型农村合作医疗和城镇居民基本医疗保险所需个人缴费部分，由政府给予补贴。

有关部门制定医疗保险办法，应当对老年人给予照顾。

第三十条 国家逐步开展长期护理保障工作，保障老年人的护理需求。

对生活长期不能自理、经济困难的老年人，地方各级人民政府应当根据其失能程度等情况给予护理补贴。

第五十一条 国家采取措施，加强老年医学的研究和人才培养，提高老年病的预防、治疗、科研水平，促进老年病的早期发现、诊断和治疗。

国家和社会采取措施，开展各种形式的健康教育，普及老年保健知识，增强老年人自我保健意识。

第五十七条 医疗机构应当为老年人就医提供方便，对老年人就医予以优先。有条件的地方，可以为老年人设立家庭病床，开展巡回医疗、护理、康复、免费体检等服务。

提倡为老年人义诊。

3. 老年人免费乘坐公共交通工具有法律依据吗？

案　情

免费乘坐公交车是不少城市提供给老年人的福利，受到老年人的广泛支持。但是某天，A 城出现了一件令人啼笑皆非的事。这天，到了快要下班的时间，一群穿着广场舞队服的阿姨们前拥后簇地走到了公交站，随后这些阿姨坐满了两辆公交车，去另一个公园与其他团体进行广场舞比赛，致使不少下班人员只能站着挤在车中。这件事被报道后，社会公众形成了两派意见，一方认为，没有必要为老年人提供免费的公交服务，现在的交通压力已经很大了，应该把这些资源让给真正需要的人。另一方则认为，为老年人提供免费公交是社会最基础的福利，老年人出行并没有挤占其他人的权益。一时间双方唇枪舌战，你来我往，双方都没有压倒性的依据。那么，老年人免费乘坐公共交通工具有法律依据吗？

解　析

首先需要明确的是老年人乘坐公交出行不是没有成本，只不过这部分成本由政府财政负担或者由公交公司与政府共同负担。老年人免费乘坐公共交通工具是老年人社会福利制度的一种，老年人优先就医、医院免费为老年人测量血压等都可以算作是此类社会福利。那么，这些福利有具体的法律规定吗？

答案是否定的，法律没有明确规定城市应当为老年人提供免费的公共交通服务。但是根据《老年人权益保障法》，县级以上人民政府应当根据当地经济社会发展情况，适当照顾老年人的需要，并逐步提高老年人的优待水平。城市公共交通、公路、铁路、水路和航空客运，应当为老年人提供优待和照顾。以山东省为例，2020 年山东省发布了《关于进一步优化老年人优待政策的通知》，其中就规定了在山东省内六十周岁以上的老年人可以免费乘坐城市公共交通工具。

所以，为老年人提供免费的公共交通服务并非法律明文规定，而是对《老年人权益保障法》部分内容的细化以及对其中主题思想的实践，反映出国家和社会对老年人权益的重视和保护。

法 条

《中华人民共和国老年人权益保障法》

第五十三条 县级以上人民政府及其有关部门根据经济社会发展情况和老年人的特殊需要，制定优待老年人的办法，逐步提高优待水平。

对常住在本行政区域内的外埠老年人给予同等优待。

第五十八条 提倡与老年人日常生活密切相关的服务行业为老年人提供优先、优惠服务。

城市公共交通、公路、铁路、水路和航空客运，应当为老年人提供优待和照顾。

4. 合格的养老院应具备哪些条件？

案 情

陈某是一位房地产商人，但是因为房地产项目具有一定风险，陈某有了收手的打算。近日，陈某一直在寻找新的投资项目，无意间他从朋友处听到城市老龄化比较严重，许多子女都没有足够的时间照顾老人。由此陈某萌发了兴办养老院的念头，但他不知道要如何准备。那么，一个合格的养老院应当具备哪些条件呢？

解 析

随着老年人口的不断增加，养老行业越来越受到投资人士的青睐，作为专为老年人服务的机构——养老院，也逐渐进入了大众的视野。对于兴办养老院，国家的政策是比较支持的，因为养老院的成立不仅能缓解社会压力，也能够有效提升老年人的生活水平。但是因为养老院的规定事项关系到老年人的生活品质和健康安全，所以国家对养老院的法律规定比较详细。

首先，设立养老院要先向相关部门登记，一般情况下，盈利型养老机构需要向市场监督管理部门办理登记；设立非盈利的养老机构需要向民政部门登记备案。只有在办理完相关手续之后，才能开展相关的服务工作。其次，养老院应当符合最基础的消防、医疗卫生标准要求，并需要符合特种设备安装要求，只有满足了此类最基础的安全需求才能保障老年人的权益。再次，养老院应当建立完善的入院评估系统，需要对老年人进行整体的评估，并根据老年人的评估报告来最终确定老年人的照顾等级。最后，养老院应当配备相应的服务和运营人员，并依法签订劳动合同。对运营和服务人员需要定期开展职业道德培训和业务培训。

在上述案例中，陈某想要兴办养老院，响应了国家的倡导，但是因为养老院的质量关系到老年人的生活质量，所以想要成立一家合格的养老院需要符合多项规定。陈某可以根据《养老机构管理办法》的规定来制订相关方案，同时也可以向相关部门和专业人士进行咨询听取意见。

法　条

《养老机构管理办法》

第四条　养老机构应当按照建筑、消防、食品安全、医疗卫生、特种设备等法律、法规和强制性标准开展服务活动。

养老机构及其工作人员应当依法保障收住老年人的人身权、

财产权等合法权益。

第九条 设立营利性养老机构，应当在市场监督管理部门办理登记。设立非营利性养老机构，应当依法办理相应的登记。

养老机构登记后即可开展服务活动。

第十五条 养老机构应当建立入院评估制度，对老年人的身心状况进行评估，并根据评估结果确定照料护理等级。

老年人身心状况发生变化，需要变更照料护理等级的，养老机构应当重新进行评估。

养老机构确定或者变更老年人照料护理等级，应当经老年人或者其代理人同意。

第二十六条 养老机构应当配备与服务和运营相适应的工作人员，并依法与其签订聘用合同或者劳动合同，定期开展职业道德教育和业务培训。

养老机构中从事医疗、康复、消防等服务的人员，应当具备相应的职业资格。

养老机构应当加强对养老护理人员的职业技能培训，建立健全体现职业技能等级等因素的薪酬制度。

《中华人民共和国老年人权益保障法》

第四十三条 设立公益性养老机构，应当依法办理相应的登记。

设立经营性养老机构，应当在市场监督管理部门办理登记。

养老机构登记后即可开展服务活动，并向县级以上人民政府民政部门备案。

5. 养老院需要与入住的老年人签订服务合同吗？

案　情

周大爷七十多岁了，夫妇二人只有一个儿子，现定居国外，不经常回来。去年，周大爷的妻子做了一个小手术，身体状况不是很好。于是，夫妇二人决定搬到郊区的一所养老院安享晚年，那里不仅环境宜人，还有专人照顾他们的生活起居。周大爷夫妇很快选好了居住的房间，对位置、价格都比较满意，但是，养老院工作人员直接安排他们缴费并办理了入住业务，却没有与他们签订相关的协议。周大爷认为，应当签订协议以明确双方的权利义务，然而，工作人员认为，周大爷夫妇居住进来后，大家就像家人一样了，不需要签订协议。那么，养老院工作人员的想法正确吗？养老院需要与入住的老年人签订服务合同吗？

解　析

养老院需要与入住的老年人签订服务合同。我国《老年人权益保障法》第四十八条和《养老机构管理办法》第十六条都明确规定，养老机构应当与接受服务的老年人签订服务协议，明确双方的权利、义务。由此可知，我国法律明确规定在老年人入住养老院时，养老院有义务与之签订服务协议，该协议有利于保障双方合法权益，尤其是保障老年人的权益，可以通过协议约定双方的权利义务，特别是通过协议来约束养老机构切实履行好服务义务，为老年人提供生活照料、康复护理、精神慰藉、文化娱乐等服务。

本案中，在周大爷夫妇入住养老院之前，养老院应当与其签订服务协议，以明确双方的权利、义务。养老院工作人员的观点是不正确的。

法　条

《中华人民共和国老年人权益保障法》

第四十八条　养老机构应当与接受服务的老年人或者其代理人签订服务协议，明确双方的权利、义务。

养老机构及其工作人员不得以任何方式侵害老年人的权益。

《养老机构管理办法》

第十六条　养老机构应当与老年人或者其代理人签订服务协议，明确当事人的权利和义务。

服务协议一般包括下列条款：

（一）养老机构的名称、住所、法定代表人或者主要负责人、联系方式；

（二）老年人或者其代理人和紧急联系人的姓名、住址、身份证明、联系方式；

（三）照料护理等级和服务内容、服务方式；

（四）收费标准和费用支付方式；

（五）服务期限和场所；

（六）协议变更、解除与终止的条件；

（七）暂停或者终止服务时老年人安置方式；

（八）违约责任和争议解决方式；

（九）当事人协商一致的其他内容。

第十七条　养老机构按照服务协议为老年人提供生活照料、康复护理、精神慰藉、文化娱乐等服务。

6. 哪些人可以优先入住政府投资兴办的养老机构?

案　情

某县政府出资在县城近郊修建了一家公益性质的养老院，因为政府预算有限，所以该养老院只有50多个固定床铺。在养老院还没有建成之时，就已经有人开始询问怎样才能够住进该养老院了。等到养老院正式投入使用后，政府陆陆续续收到了200多份入院申请，一时间政府也拿不定主意，该如何分配这50多个床铺成了一个难题。那么，哪些人可以优先入住政府投资兴办的养老机构呢?

解　析

从前，老年人住进养老院在很多人的观念里还代表着老年人无人可养、生活困难。但是随着近年来社会的发展和观念的变化，越来越多的老年人开始主动要求住进养老院。究其原因，一方面是因为老年人想减轻子女的负担；另一方面是因为老年人想度过更加舒适的晚年生活。但随之而来的问题是养老院的数量远远不足以服务全部老年人群体。那么，面对逐渐增加的市场需求和养老院的供给数量不足之间的矛盾，哪些人可以优先入住呢?

虽然养老院可以改善老年人的生活，使老年人的生活质量有所提高，但是建设养老院的最主要的目的还是确保老年人老有所养。根据《养老机构管理办法》第六条的规定，政府投资兴办的养老机构在能满足特困人员集中供养需求的前提下优先保障经济困难的孤寡、失能、高龄、计划生育特殊家庭等老年人的特殊需求。《老年人权益保障法》第四十一条规定，政府投资兴办的养老机构，应当优先保障经济困难的孤寡、失能、高龄等老年人的服务需求。

在上述案例中，政府投资兴办的养老院首先应当为特困老人提供服务，优先考虑安排他们入院；在顺利安排完特困老人后仍有空余床位的，可以安排经济困难的孤寡、失能、高龄老年人；如果在安排完上述类型的老人后还有空余床位的，便可以接纳部分身体较为健康、经济情况尚可的老年人。

法　条

《中华人民共和国老年人权益保障法》

第四十一条　政府投资兴办的养老机构，应当优先保障经济困难的孤寡、失能、高龄等老年人的服务需求。

《养老机构管理办法》

第六条　政府投资兴办的养老机构在满足特困人员集中供养需求的前提下，优先保障经济困难的孤寡、失能、高龄、计划生育特殊家庭等老年人的服务需求。

政府投资兴办的养老机构，可以采取委托管理、租赁经营等方式，交由社会力量运营管理。

7. 老人发病从养老机构走丢，养老机构是否需要承担责任？

案　情

2021 年 1 月，七十五岁的宗某在子女的陪同下与某养老机构签订了《养老服务合同》，并在当日办理了入住手续。在养老机构要求填写的入住评估表上，宗某的子女填写道：老人刚从医院出院、身体虚弱，此前有从家中走丢、在外冻伤并住院的经历。养老机构对宗某的情况进行分析，最后评定宗某的护理等级为半自理。2021年2月3日，宗某从养老机构的消防通道大门走出，后开始在道路上游荡。当晚，养老机构发现宗某失踪便立刻报警。2021年2月4日清晨，民警在养老机构附近的桥洞下发现了已经被冻死的宗某。宗某的子女在安排完老人的丧事后，将养老机构起诉至法院，要求养老机构承担二十万元的侵权责任赔偿。那么，老人发病从养老机构走丢，养老机构是否需要承担责任？

解 析

伴随着人口老龄化的加重，我国老年人的数量在逐渐增多，面向老年人的养老机构的数量也在不断增加。同时，不少老年人为了减轻子女的负担、保障自己受到照顾，也开始主动选择到养老机构生活。在这一时代背景下，如何保障老年人的权益逐渐成为整个社会需要关心的问题。根据《养老机构管理办法》第二十八条的规定，养老机构应当实行24小时值班，做好老年人安全保障工作。养老机构应当在各出入口安装视频监控设施。足见法律对养老机构安全保障义务的规定十分严格。

在本案中，养老机构将宗某的护理等级评定为半自理，在填写入住评估表时，宗某子女也已经告知养老机构宗某有过走丢的经历，所以养老机构应当考虑到宗某再次走丢的风险。此外，该养老机构没有按照法律规定安装必要的视频监控设施，致使宗某丢失一段时间后才被发现，延误了对宗某的救援，所以养老机构应当对宗某走失后死亡的结果承担过失侵权责任。

根据《民法典》第一千一百七十九条的规定，侵害他人造成死亡结果的，应当赔偿丧葬费用和死亡赔偿金。同时，宗某是因发病走丢而被冻死的，这也是其死亡的原因之一，所以，宗某及其子女也应当分担部分责任。综上，法院最终判决养老机构承担老人死亡的主要责任，老人一方承担次要责任，由养老机构赔偿老人子女十二万元。

法 条

《中华人民共和国民法典》

第一千一百七十九条 侵害他人造成人身损害的，应当赔偿医疗费、护理费、交通费、营养费、住院伙食补助费等为治疗和康复支出的合理费用，以及因误工减少的收入。造成残疾的，还应当赔偿辅助器具费和残疾赔偿金；造成死亡的，还应当赔偿丧葬费和死亡赔偿金。

《养老机构管理办法》

第二十八条 养老机构应当实行24小时值班，做好老年人安全保障工作。

养老机构应当在各出入口、接待大厅、值班室、楼道、食堂等公共场所安装视频监控设施，并妥善保管视频监控记录。

8. 养老机构停止经营的，其收住的老年人应当怎样安排？

案 情

S养老院是某市一家很有品质的养老院，很多退休老人都愿意来到这里安度晚年。养老院负责人马姐为人和善，对待养老院里的老人就像对待自己的父母一样。近年来，马姐的儿子生意越做越大，因缺少人手帮忙打理，便向母亲寻求帮助。无奈之下，马姐决定关闭养老院，帮助儿子经营生意。但是，她不知道怎样安置原本收住的老人，而且很多老人已经失去了照顾自己的能力，对于他们未来的去向，马姐感到很担心。于是，马姐找到当地民政部门，向他们寻求帮助。那么，养老机构停止经营的，其收住的老年人应当怎样安排？

解 析

养老机构不同于一般企业，它承担着服务老人的重大社会责任。因此，养老机构变更或者终止之前，应当充分考虑所收住老年人的权益。根据我国《老年人权益保障法》第四十六条的规定，养老机构变更或者终止前应当妥善安置收住的老年人，应提前与有关部门沟通安置好已收住老人，再依法办理相关手续。《养老机构管理办法》第三十五条规定，养老机构因变更或者终止等原因暂停、终止服务，老年人需要安置的，养老机构应当根据服务协议约定与老年人或者其代理人协商确定安置事宜。由此可知，养老机构不得随意变更或者终止，必须提前做好收住老年人安置工作，与有关部门协商确定合理方案，妥善安排好收住老年人去处后，才能办理变更或终止手续。

本案中，马姐在停止经营之前，应当提前与政府相关部门联系，并与老人及其家属积极沟通，完成收住老年人安置工作后再依法办理终止手续。

法　条

《中华人民共和国老年人权益保障法》

第四十六条　养老机构变更或者终止的，应当妥善安置收住的老年人，并依照规定到有关部门办理手续。有关部门应当为养老机构妥善安置老年人提供帮助。

《养老机构管理办法》

第三十五条　养老机构因变更或者终止等原因暂停、终止服务的，应当在合理期限内提前书面通知老年人或者其代理人，并书面告知民政部门。

老年人需要安置的，养老机构应当根据服务协议约定与老年人或者其代理人协商确定安置事宜。民政部门应当为养老机构妥善安置老年人提供帮助。

养老机构终止服务后，应当依法清算并办理注销登记。

9. 养老院楼梯扶手不合格，造成老人受伤，谁来承担责任?

案　情

郝大爷七十六岁了，儿子郝先生平时工作非常忙，只有短暂的假期时间能够陪伴他。去年老伴去世之后，郝大爷觉得生活很寂寞，便要求郝先生把他送到养老院居住。为了让父亲居住得更舒适，郝先生决定将父亲送到市区新开设的养老院，这家养老院基础设施比较不错。郝大爷腿脚不灵，平时上楼梯需要扶着扶手。可是一天，郝大爷上楼时，楼梯扶手突然断裂，导致郝大爷摔倒，手臂骨折。郝先生很气愤，去找养老院领导商议赔偿。养老院领导说这是施工单位的问题，并答应协助郝先生一起去维权。那么，养老院楼梯扶手不合格，造成老人受伤，谁来承担责任？

解　析

工程建设必须保证质量达标，尤其是涉及老年人的工程，必须符合国家的安全标准，如果发生质量问题，不仅会影响设施的正常使用，也会给老年人的人身安全带来威胁。老年人身体状况比较脆弱，一旦发生危险会影响其生命安全。根据《老年人权益保障法》第八十二条的规定，涉及老年人的工程不符合国家规定的标准的，由有关主管部门责令改正；造成损害的，依法承担民事责任；对有关单位、个人依法给予行政处罚；构成犯罪的，依法追究刑事责任。

在本案中，如果是由于施工单位建设质量不达标，造成养老院的楼梯扶手存在严重的质量问题，从而在使用过程中导致郝大爷骨折受伤，给其人身带来严重伤害，那么，施工单位需要承担相应的民事赔偿责任乃至刑事责任。同时，根据《养老机构管理办法》第十八条的规定，养老机构不仅对老年人负有生活照料的义务，还要配备适合老年人安全保护要求的设施、设备及用具等。也就是说，养老院在硬件设施方面负有相应的安全保障义务。郝大爷因楼梯扶手断裂而摔伤，事故在养老院发生，养老院应当对此负责。也就是说，郝大爷及其家属可以要求养老院进行赔偿。并且，对于老年人一方，直接向养老院索赔更容易和方便。事后，养老院还可以向建设单位追偿。当然，如果老年人家属和养老院选择共同向建设单位索赔，也未尝不可。

法　条

《中华人民共和国老年人权益保障法》

第八十二条　涉及老年人的工程不符合国家规定的标准或者无障碍设施所有人、管理人未尽到维护和管理职责的，由有关主管部门责令改正；造成损害的，依法承担民事责任；对有关单位、个人依法给予行政处罚；构成犯罪的，依法追究刑事责任。

《养老机构管理办法》

第十八条　养老机构应当为老年人提供饮食、起居、清洁、卫生等生活照料服务。

养老机构应当提供符合老年人住宿条件的居住用房，并配备适合老年人安全保护要求的设施、设备及用具，定期对老年人的活动场所和物品进行消毒和清洗。

养老机构提供的饮食应当符合食品安全要求、适宜老年人食用、有利于老年人营养平衡、符合民族风俗习惯。

10. 丁克老人丧失部分民事行为能力，福利院能够成为其监护人吗？

案　情

黄奶奶是国内最早一批丁克族，因为年轻时没有要孩子，在老伴去世后便一人居住。2020 年，黄奶奶开始出现早期的阿尔茨海默症症状，还曾经在小区附近迷路。小区居委会的工作人员得知黄奶奶的情况后，请相关机构人员对黄奶奶进行了精神鉴定，鉴定结果认为黄奶奶患有轻度阿尔茨海默症，属于限制民事行为能力人。居委会在取得黄奶奶的同意后将其送至附近的福利院。2021 年，黄奶奶阿尔茨海默症的症状进一步加重，继续留在福利院可以得到较好的照顾，于是福利院向法院申请指定院方为黄奶奶的合法监护人。那么，福利院的主张会得到法院的支持吗?

解　析

人终有老去的时候，需要他人对自己进行照顾和监护。一般情况下，对于无民事行为能力或者限制性民事行为能力的老年人，其监护人一般为子女或者其他近亲属。但是，对于丁克或者丧子老人来说，就可能面临没有合适监护人的困境。对此，根据《民法典》第三十二条的规定，没有依法具有监护资格的人的，监护人由民政部门、居民委员会、村民委员会担任。

在上面的案例中，黄奶奶年事已高，并且出现阿尔茨海默症的早期症状，鉴定机构在进行鉴定后认为黄奶奶属于限制民事行为人，需要他人监护。又因为黄奶奶没有子女且丈夫去世，没有其他具有监护资格的监护人，所以民政部门、居委会、村委会可以成为黄奶奶的监护人。本案中，申请成为黄奶奶监护人的福利院属于民政部门的下属机构，可以从事民政福利的相关工作。所以，该福利院可以成为黄奶奶的监护人。

法　条

《中华人民共和国民法典》

第三十二条　没有依法具有监护资格的人的，监护人由民政部门担任，也可以由具备履行监护职责条件的被监护人住所地的居民委员会、村民委员会担任。

11. 国家鼓励老年人从事哪些活动发挥余热呢?

案 情

老张六十二岁了，退休之前是某单位的业务骨干，多年来一直对工作兢兢业业。因为孩子在外地，退休后，老张便赋闲在家，无事可做。享受了一段清闲日子后，老张开始觉得生活中缺少乐趣，感到自己的人生毫无意义，总是闷闷不乐。有一次，在公园散步时，老张听人说起，现在国家鼓励老年人发挥余热，在自愿的前提下，可以根据自身有关专长，从事一些公益性活动。老张听后觉得很适合自己，但是他不知道自己可以从事哪些活动，便来到社区咨询相关政策。那么，国家鼓励老年人从事哪些活动发挥余热呢?

解 析

很多老年人忙碌了半辈子，反而不适应退休之后的生活，为了有效缓解这种不适，社会鼓励老年人在退休之后继续参与社会发展。这样不仅可以丰富老年人的生活，也可以利用专长为社会发展贡献力量。根据我国《老年人权益保障法》第六十九条的规定，国家鼓励老年人在自愿和量力的情况下，从事下列活动，包括：青少年教育、文化传承、咨询服务、科技研发、经营生产、志愿服务、调解纠纷等，老年人参与这些活动能从各个方面对社会公益贡献价值。

在本案中，退休之后的老张不适应赋闲在家的日子，在身体条件允许的情况下，他可以根据自身特长和爱好，参与到上述活动中去，继续为社会发展贡献力量。

法　条

《中华人民共和国老年人权益保障法》

第六十九条　国家为老年人参与社会发展创造条件。根据社会需要和可能，鼓励老年人在自愿和量力的情况下，从事下列活动：

（一）对青少年和儿童进行社会主义、爱国主义、集体主义和艰苦奋斗等优良传统教育；

（二）传授文化和科技知识；

（三）提供咨询服务；

（四）依法参与科技开发和应用；

（五）依法从事经营和生产活动；

（六）参加志愿服务、兴办社会公益事业；

（七）参与维护社会治安、协助调解民间纠纷；

（八）参加其他社会活动。

12. 退休后的劳动收入还受法律保护吗？老年人在劳动保护方面比照年轻人有什么“特权”？

案　情

韩伯伯是一家事业单位的电气工程师，他善于钻研、工作认真，多次被单位评为先进模范。2021 年 8 月，韩伯伯办理了退休手续，准备在家颐养天年。没过多久，当地一家知名企业得知韩伯伯退休的消息后，向他发出了一份高薪聘书。韩伯伯想要接受邀请，但是，他的老伴担心该企业工作任务重，韩伯伯的身体吃不消，还担心企业不像事业单位那样有保障，会拖欠劳动者工资。为了打消韩伯伯老伴的顾虑，该企业人事部门负责人特意上门为其作出相关解释。那么，退休后的劳动收入还受法律保护吗？老年人在劳动保护方面比照年轻人有什么“特权”？

解析

劳动是我国公民的一项基本权利，我国社会允许老年人参加社会劳动并获取报酬。根据《老年人权益保障法》第七十条的规定，老年人参加劳动的合法收入受法律保护。任何单位和个人不得安排老年人从事危害其身心健康的劳动或者危险作业。由此可知，在身体条件允许的情况下，愿意继续参与劳动的老年人有权获得报酬，任何组织和个人不得非法侵占其合法收入。同时，社会给予老年劳动者特殊保护，用人单位在安排老年劳动者工作时，要充分考虑其身体状况，不得安排不适宜老年人从事的劳动。

如果老年人退休后继续参与劳动，遇到《劳动法》第九十一条规定的四种侵害劳动者权益的情形时，有权要求劳动行政部门责令用人单位支付工资报酬、经济补偿，并可以要求其支付赔偿金。由此可知，老年劳动者与年轻劳动者一样受到法律的保护，任何人不得侵害老年人的劳动权益。

在本案中，韩伯伯如果受聘到该企业工作，该企业为其安排工作时必须充分考虑韩伯伯的身体状况，不得为其安排不适合老年人从事的工作，而且，该企业也应当按照约定向韩伯伯支付劳动报酬，不得侵害其合法权益。

法　条

《中华人民共和国老年人权益保障法》

第七十条　老年人参加劳动的合法收入受法律保护。

任何单位和个人不得安排老年人从事危害其身心健康的劳动或者危险作业。

《中华人民共和国劳动法》

第九十一条　用人单位有下列侵害劳动者合法权益情形之一的，由劳动行政部门责令支付劳动者的工资报酬、经济补偿，并可以责令支付赔偿金：

（一）克扣或者无故拖欠劳动者工资的；

（二）拒不支付劳动者延长工作时间工资报酬的；

（三）低于当地最低工资标准支付劳动者工资的；

（四）解除劳动合同后，未依照本法规定给予劳动者经济补偿的。

13. 针对老年人的优待办法可以由哪一级政府制定？外地老人是否与本地老人一样能享受优待政策？

案　情

王老师生活在北方的一个小村镇，一辈子教书育人，培养了很多优秀人才。他的儿子也非常出色，大学毕业后顺利在南方的一座大城市扎根立足。王老师退休后，儿子便将他接到自己的城市居住，想让父亲在这里颐养天年。最近，王老师的儿子听说自己所在区出台了一项“60 岁以上老人免费参观本区景点”的政策，他不知道户籍地在外地的父亲是否也能享受这项优惠政策。于是，他来到社区咨询。那么，区一级政府有权制定对老年人的优待办法吗？外埠老人是否也可以享受优待政策？

解　析

区一级政府部门有权制定对老年人的优待办法，外埠老人可以与本地老人一样享受优待政策。根据我国《老年人权益保障法》第五十三条的规定，县级以上人民政府及其有关部门有权制定优待老年人的办法，并对常住本地的外埠老年人给予同等优待。由此可知，根据社会发展的需要，政府应当逐步提高对于老年人的优待水平，向老年人提供更优质的服务，让他们享受更便捷的生活。同时，常住在本地的外地老年人，也应当同本地老年人一样享受到同样的优待和服务。

在本案中，该区政府有权制定对老年人的优待办法。王老师被儿子接到该市生活，其经常居住地在该市，当然可以享受与本地老年人同等的优待政策。

法　条

《中华人民共和国老年人权益保障法》

第五十三条　县级以上人民政府及其有关部门根据经济社会发展情况和老年人的特殊需要，制定优待老年人的办法，逐步提高优待水平。

对常住在本行政区域内的外埠老年人给予同等优待。

14. 老年人迁移户口时，工作人员有怎样的义务？

案　情

小刘大学毕业后到某派出所户籍部门工作，负责为群众办理户籍手续。一天，黄大娘的儿子带着她来到该派出所，想要为黄大娘办理户籍迁移手续。但是，黄大娘表现得很不情愿。小刘经过询问得知，黄大娘的儿子想接母亲到大城市居住，为了方便给母亲买房子，儿子想将母亲的户口迁移到自己的城市。然而，黄大娘有所顾虑，因为黄大娘的丈夫已经去世并安葬在县城，如果自己将户口迁走，会与丈夫“分开”得更远。那么，为老年人办理户口迁移工作时，小刘有怎样的义务呢？

解　析

老年人对涉及自身重大权益的事项，应当拥有自主处分的权利，任何人不得干涉。办理相关业务的工作人员必须征求老年人本人的意见。根据我国《老年人权益保障法》第五十五条的规定，办理房屋权属关系变更、户口迁移等涉及老年人权益的重大事项时，工作人员应当就办理事项是否为老年人的真实意思表示进行询问，并依法优先办理。由此可知，工作人员为老年人办理涉及重大权益事项时，必须听取老年人的真实意见，不能被他人左右，老年人本人不同意办理时坚决不能办理，老年人愿意办理时应优先为其办理。

在本案中，在黄大娘办理户口迁移手续之前，工作人员小刘应当就户口迁移事项征求黄大娘本人意愿，如果她不愿意办理，则拒绝办理；如果她愿意办理，应当本着关爱老年人的原则优先为其办理。

法 条

《中华人民共和国老年人权益保障法》

第五十五条 各级人民政府和有关部门办理房屋权属关系变更、户口迁移等涉及老年人权益的重大事项时，应当就办理事项是否为老年人的真实意思表示进行询问，并依法优先办理。

图书在版编目（CIP）数据

老年人应知应会法律知识学习手册：以案普法版 / 中国法制出版社编．—北京：中国法制出版社，2021．6

（公民法治素养提升丛书）

ISBN 978－7－5216－1975－1

Ⅰ．①老…　Ⅱ．①中…　Ⅲ．①法律－中国－通俗读物　Ⅳ．①D920．5

中国版本图书馆 CIP 数据核字（2021）第 124534 号

责任编辑　程　思　　　　封面设计　李　宁

老年人应知应会法律知识学习手册：以案普法版

LAONIANREN YINGZHI YINGHUI FALÜ ZHISHI XUEXI SHOUCE：YIAN PUFABAN

经销/新华书店

印刷/三河市国英印务有限公司

开本/880 毫米×1230 毫米　32 开　　印张/ 10．5　字数/ 178 千

版次/2021 年 7 月第 1 版　　2021 年 7 月第 1 次印刷

中国法制出版社出版

书号 ISBN 978－7－5216－1975－1　　定价：36．00 元

北京西单横二条 2 号

邮政编码 100031　　传真：010－66031119

网址：http：//www. zgfzs. com　　**编辑部电话：010－66066620**

市场营销部电话：010－66033393　　**邮购部电话：010－66033288**

（如有印装质量问题，请与本社印务部联系调换。电话：010－66032926）